Ursula Klinger-Omenka

Lichtengel und Kristallwelten

Himmlische Begleiter in der Aura
geschliffener Steine

Mit Illustrationen von
Petra Arndt

WINDPFERD

1. Auflage 2005

Umschlaggestaltung: Kuhn Grafik, Digitales Design, Zürich,
unter Verwendung einer Illustration von Petra Arndt
Illustrationen im Innenteil: Petra Arndt
Foto, Seite 157: Mario Heeb
Lektorat: Daniela Weiss
Gesamtherstellung: Schneelöwe, D–87648 Aitrang
www.windpferd.de
ISBN 3-89385-459-2

Printed in Germany

Inhalt

Nicht das, was wir erleben,

sondern wie wir empfinden

was wir erleben,

macht unser Schicksal aus.

Marie von Ebner-Eschenbach

Einleitung

Immer selbstverständlicher sprechen wir im Alltag von unseren Schutzengeln und von Engeln, die uns begleiten, die mit uns verbunden sind, die hilfreich in unser Leben hineinwirken, die wir durch unsere Hinwendung erreichen können. Unsere naturgegebene Verbindung mit den Engeln wird uns zunehmend bewusst und in der heutigen Zeit vertrauen immer mehr Menschen wieder dem Wirken der Engel.

In fast allen Kulturen tauchen Himmelsboten auf, die sich uns Menschen als göttliche Abgesandte nähern, die Gott und Mensch verbinden, die uns göttliche Botschaften übermitteln, Schutz geben und in der christlichen Mystik als Engel bezeichnet werden.

Engel nahmen bereits vor vielen Jahren über Edelsteine eine ganz besondere Verbindung mit mir auf. Es begann in den ersten Jahren meiner Erfahrungen und inneren Unterweisungen aus der Welt der Edelsteine über ihre heilsamen, lichtvollen Schwingungen und ihre Anwendungsmöglichkeiten in der Praxis – vor mehr als zwanzig Jahren. Sie kamen mit ihrer innigen Liebe und lichtvollen Schönheit in mein Leben, gewährten mir Einblicke in ihr wunderbares Mitwirken im Schöpfungsgeschehen der Edelsteine in der Licht-Welt, in ihr Verbundensein mit den Edelsteinen – und sie lehrten mich, wie wir sie auf einfache und natürliche Weise erreichen, wie sie helfend und heilsam über Edelsteine in unser Leben hineinwirken können.

Engel bilden Lichtkörper für die Edelsteine

Edelsteine sind lebendige Materie – in der Natur entstanden unter gewaltigen Druckverhältnissen und großen Hitzeeinwirkungen. In ihrem Bildungsprozess konnten sie wertvolle Mineralstoffe an sich binden. Diese beeinflussen die Farbe eines Edelsteines und die Entwicklung spezifischer Eigenschaften, mit denen Edelsteine vielschichtig wohltuend und heilsam auf Körper, Seele und Geist wirken.

Neben der wissenschaftlich erforschten Wirkung der Mineralstoffe und Farben der Edelsteine sind sie in der Schöpfung mit kosmischen, göttlichen Lichtkräften verbunden, die dem forschenden Auge verborgen bleiben, die aber in ihrer Wirksamkeit erfahrbar sind.

Noch bevor ein Edelstein im Innern der Erde entsteht, wird sein Lichtkörper gebildet in den großen kosmischen Farbströmen der Lichtwelt mit der/den Farbe(n), die er auf Erden verkörpern wird. Dabei ist der Licht-Stein umgeben von Engeln seines Farbstrahles, die ihre Farben sowie heil-same Kräfte und Qualitäten – ihre Gaben – wie Samen hineingeben, die mit dem Stein im Licht verbunden bleiben. Die Engel sorgen dann auf ihre Weise dafür, dass von ihrem Licht-Stein im Kosmos ein Same in den Schoß von Mutter Erde gelegt wird, umsorgen und beschützen seinen gewaltigen Gesteinsbildungsprozess auf Erden, der mit großen Transformations- und Wandlungskräften zur Kristallisation führt und die Essenz des Licht-Steines im Edelstein in der grobstofflichen Materie hervorbringt.

So sind in jedem Edelstein Samen der Heilung verborgen, die wir hier auf Erden heil-sam entfalten und nutzen dürfen und mit jedem Edelstein sind Engel verbunden, die wir auf ganz einfache Weise über ihren Stein erreichen.

Engel, die uns über Edelsteine erreichen, sind manchmal sogar für das äußere Auge sichtbar durch Einschlüsse, Strukturen, Zeichnungen, Formen und durch die leuchtenden, funkelnden Farben der Edelsteine durch welche unsere Seelenkräfte Engel assoziieren können.

Hildegard von Bingen beschreibt alle Heilkräfte der Natur in der Reihenfolge der sechs Schöpfungstage und bezeichnet die Edelsteine als ‚Lichtgeschöpfe', die sie in den vierten Schöpfungstag einordnet.

Auch wir Menschen sind weit mehr als unser sichtbarer grobstofflicher Körper. Wir haben Gefühle und Gedanken – obwohl noch kein Chirurg und Röntgengerät sie ‚gesehen' hat. Zudem ist schon seit Jahrtausenden bekannt, dass mit dem Menschen ‚unsichtbare' Energiesysteme verbunden sind, die auf Organe und Funktionen des Körpers über bestimmte Stellen und Vorgänge einwirken, Kräfte und Informationen kanalisieren und transportieren. Über Energiezentren werden unaufhörlich Energien und Informationen aufgenommen und abgegeben, Farben und Formen dieser Energien haben dabei eine wesentliche Bedeutung. Die Energie wird in Bahnen zu den Energiekörpern geleitet, die im Austausch mit unserem physischen, leiblichen Körper stehen. In diesem Seelen- und Geistkörper werden feinstoffliche Energien gesammelt und gespeichert.

Die Engel, die mit den Edelsteinen zu uns kommen, berühren und durchdringen unsere Aura, die aus vielen Schichten besteht. Bereits der physische Körper ist durchströmt und umgeben von feinstofflichen Energien. Darüber hinaus ist unsere Seele an einen feinstofflichen Energiekörper, den Seelenkörper, gebunden, der sich aus mehreren Schichten zusammensetzt. Seine dichteste Schwingung ist die Schicht des Gemüts, in der alle Gefühle vereint sind. Weiterhin gehört der Geistkörper zu uns, der alle geistigen Potentiale in sich birgt und ausstrahlt und auch aus verschiedenen Schichten besteht, wobei die dichteste Schwingung die Schicht unserer Denkmuster und Gedanken repräsentiert.

Alle drei Energiekörper sind miteinander verbunden, stehen im gegenseitigen Energieaustausch und bilden unsere Aura. Das ist die Ausstrahlung, die uns umgibt und die sehr detailliert in Farben und Formen auf feinstofflicher Ebene alle Merkmale unseres Wesens in sich trägt – beispielsweise alle Krankheiten, alle Gefühle, alle Gedanken, alle Ängste und Blockaden, alle Wünsche, alle Zielsetzungen, alle Aufgaben und alle entwickelten bzw. verborgenen Fähigkeiten der Seele, alle Ideen, alle Absichten.

Wenn sich Menschen begegnen, berühren sich ihre Auren und es findet ein unbewusster energetischer Kontakt statt, über den wir weit mehr austauschen, einander mitteilen, voneinander lernen, als wir uns vorstellen und nachvollziehen können. Das Zusammensein mit einem Menschen kann erfrischend, erfreuend, inspirierend sein aber auch ermüdend, belastend, erschöpfend. Der eine gibt uns Kraft und der andere nimmt sie uns.

Erzengel Gabriel und Regenbogen-Einschlüsse

Etwas Besonderes drücken Regenbogen in einem Edelstein aus. Sie lösen in unserer Seelen- und Empfindungswelt immer wieder große Freude aus durch ihre schillernden Farbenspiele. Häufig zeigt sich uns dies durch Bergkristalle, Amethyste, Citrine, und manchmal auch durch Aquamarine, Fluorite, Rosenquarze u. a. Der Regenbogen erinnert uns an die Verbindungsbrücke zwischen Himmel und Erde, und er erscheint dann, wenn bei Regen die Sonne scheint. Im übertragenen Sinn können wir davon ausgehen, dass das, was uns hier auf Erden kränkt, schmerzt, ver-zweifeln lässt, verbunden ist mit der göttlich liebenden Allmacht des Schöpfers und seinen Helfern und Engeln. Gerade auch dann, wenn wir in Not sind, wenn wir leiden, wenn wir krank sind, ist die Verbindung mit der göttlichen Hilfe besonders präsent und hilft uns, die Chance zur Wende, zur Heilung, zur Lösung, zur Veränderung zu ergreifen. Mit dem Erkennen, Annehmen und Überwinden entsteht aus der vom Leid befreiten Energie ein kreatives Kraftfeld, das eine neue Schönheit und Fähigkeit in uns entfalten und sichtbar werden lassen will. Schön und vollkommen, wie sich der Regenbogen aus der Vereinigung von Himmel und Erde entfaltet, können unsere Schwächen zu Stärken werden.

Ein Edelstein mit Regenbogeneinschlüssen bringt eine erlösende Energie in unser Leben, die in unserer Seele ein Tor zu einer bisher blockierten, an Verletzung, Schmerz, Enttäuschung gebundenen Kraft öffnet. Mit den Regenbogen sind Engel mit ganz besonderen Gaben vereint, die dem Erzengel Gabriel unterstehen. Sein Name bedeutet ‚Kraft Gottes' und er ist der Engel der Verkündigung – der Geburt und der Auferstehung Christi – und begleitet uns in unserer Menschwerdung, ist ‚Hüter der Schwelle' zum Eingang ins Leben. Er verfügt über die göttliche heilende Kraft der Farben, die in ihrem vollkommenen Spektrum im Regenbogen manifestiert ist und bereitet unsere Seele auf ihr Erdenleben vor. Danach begleitet er uns in dem Geschehen wo Geist und Seele sich mit der stofflichen Welt vereinen und den im Mutterleib heranwachsenden Körper ‚beseelen'. Erzengel Gabriel kennt also unsere Seele sehr gut und auch, was sie in einer Inkarnation über schmerzliche Erfahrungen lernen, transformieren, entfalten möchte. Die Freude der Engel ist groß, wenn ihre Hilfe dazu beitragen darf und findet sich wieder in unserer Freude, wenn wir einen Regenbogen sehen. Durch einen Edelstein mit Regenbogen wird eine Verbindung mit Schmerzendem in uns belebt und verstärkt mit der Chance, es zu erlösen und in besondere Fähigkeiten und Gaben, in Schönheit zu wandeln unter Mithilfe der Engel, die zum Erzengel Gabriel gehören.

Schlüssel der Engel zu inneren Toren mit den Formen der geschliffenen Edelsteine

Obwohl mit jedem Edelstein Engel verbunden sind und wir die Engel über ihren Stein auf einfache und natürliche Weise durch unsere bewusste, liebevolle, bittende Hinwendung erreichen können, sind mit den transparenten, lichtdurchlässigen, durchsichtigen und durchscheinenden Edelsteinen Engel verbunden, die sich hier einbringen und zum Ausdruck bringen möchten. Dazu gehören die Engel der Bergkristalle in ganz besonderer Weise und Engel der Edelsteine, deren inneres Licht, Leuchten und Strahlen zu erahnen ist durch das äußere Funkeln, das der Schliff hervorgebracht hat und sichtbar werden lässt. Mit dem Schleifungsprozess vollziehen die Engel eines Edelsteines etwas, das auch in unserem Leben, im Alltag, im Zusammenleben geschieht. In der Umgangssprache nennen wir es den ‚Schliff', den wir bekommen. Nicht alles, was wir in dieses Erdenleben mitbringen, kann so bleiben wie es ist sondern braucht Veränderung. Diese Veränderungen entstehen oft durch ‚aneinander reiben', durch ‚aufreibende' Begegnungen, Auseinandersetzungen. Oftmals sind viele schmerzhafte Erfahrungen im Zusammenleben erforderlich, bis wir Denk-, Fühl-, Handlungsweisen ändern. Beim Edelstein geschieht das Schleifen, um sein Funkeln und Leuchten, seine Schönheit hervorzubringen, seine Wirkung zu erhöhen – und damit die mit ihm verbundenen Engel über klare Lichtbahnen zu uns kommen können. Übertragen wir das auf unser Menschenleben, geschehen unsere Schleifungsprozesse nicht, um uns zu bestrafen oder um uns des Leidens willen leiden zu lassen, sondern um mit göttlicher Hilfe unter der Mitwirkung der Engel unsere inneren Qualitäten, Fähigkeiten, Kräfte so zu gestalten, dass sie im Sinne der Schöpfung ihre Schönheit im Zusammenleben zeigen und zum Wohle aller mehr und mehr einbringen können. Wir sprechen dann auch von einem ‚Juwel' – sowohl beim Edelstein wie auch beim Menschen.

Die Engel der Edelsteine, die nicht geschliffen werden, können stärker Ur-Kräfte und Potentiale in uns beleben, die wir nutzen dürfen in der Kraft wie sie sind.

Mit den Engeln der Bergkristalle wenden wir uns den ungeschliffenen und geschliffenen Kräften und Formen zu. Mächtige Engel der ungeschliffenen Bergkristall-Spitzen und -Gruppen weisen uns zielgerichtet zum göttlichen Licht hin und verbinden sich mit der Ur-Sehnsucht der Menschenseele, zu diesem Licht zurückzukehren, damit eins zu sein. Leuchtende Engel der geschliffenen Bergkristalle lenken uns in bewusstmachenden Erfahrungen den zu ‚bearbeitenden' Potentialen und zu klärenden Entwicklungsprozessen zu und helfen uns Kräfte zu transformieren und zu verfeinern – je nach Form in bestimmter Weise, auf bestimmter Ebene.

Die anderen hier eingebrachten Engel erreichen uns mit Edelsteinen, die in ganz bestimmte Formen geschliffen wurden. Mit der Form des Edelsteines, haben wir einen Schlüssel in der Hand mit dem die Engel des Edelsteines ein ganz bestimmtes Tor in unseren feinstofflichen Energiekörpern öffnen können. Unser leiblicher Körper ist mit einem Energiekörper verbunden, der besonders auf die ovale Form reagiert, der Energiekörper der Seele auf die Tropfenform, der Energiekörper des Geistes auf die runde Form. Die rechteckige Form wirkt verstärkend aufbauend in die materielle Ebene hinein, verbindet sich mit den Antriebskräften und Lebensmotivationen in allen drei Energiekörpern.

Die Formen, in die Edelsteine geschliffen sind, entsprechen den sich orientierenden Kräften der Engel des Steines und in welchen Energiekörper sie damit hineinwirken können. Sie begeben sich hinein in die Schwingungen unserer Aura, öffnen über die Form ihres Steines, der wie ein Schlüssel zu einem Tor des jeweiligen Energiekörpers passt, den Zugang zum physischen Körper (ovale Form) oder zu unseren Gefühlen, Emotionen, Seelenkräften (Tropfenform) oder zu unseren Vorstellungen, Gedanken, Ideen, Willenskräften und geistigen Potentialen (runde Form) oder zu unseren Antriebskräften (rechteckige Form), fluten ihre heil-samen Kräfte hinein und sorgen mit göttlicher Weisheit und Liebe dafür, dass sie sich in uns entfalten.

Womit sich die Engel über ihren Edelstein bei uns verbinden können, hängt von der ‚Zusammensetzung' und Ausstrahlung unserer Aura und Energiekörper ab und von der Intensität der Ausstrahlung des Steines. Diese wiederum hängt zusammen mit seiner Farbe, Reinheit, Leuchtkraft, seinem ‚inneren Feuer', seiner Größe und Form in der er gewachsen oder in die er geschliffen wurde. Ganz entsprechend ist die Energie der Engel, die über ihren Stein zu uns kommen und in uns wirken können.

Mit einem besonderen Zugang zu unserem **leiblichen, physischen Körper** kommen **Engel der oval geschliffenen Edelsteine** zu uns. Mit ihrem Schlüssel – dem Ei, dem Oval – bringen sie neues Leben, erneuernde Kraft aber auch Schutz und Geborgenheit in das Zellbewusstsein unseres Körpers und lassen die Zellen in eine harmonische Schwingung kommen. Damit werden auf der feinstofflichen Ebene unsere Selbstheilungskräfte aktiviert, die auf den Körper bezogen wirken und Voraussetzungen schaffen zur Heilung körperlicher Schwächen, die Verletzungen und Krankheiten lindern und das körperliche Wohlbefinden stärken.

Mit einem **Baustein** erreichen uns **Engel der rechteckig bzw. achteckig geschliffenen Edelsteine** und öffnen damit das Tor zu grobstofflich manifestierenden Kräften. Sie bewirken mit dem Baustein, dass unsere Vorstellungen und Ideen Realität werden, vom feinstofflichen Potential in dichtere Energieschwingungen kommen bis sie grobstofflich sind, in der Materie Gestalt annehmen und in unserem Leben auf Erden sichtbar werden. Mit den Qualitäten der Engel, die sie in den Bausteinen manifestiert haben, geschieht eine Aktivierung von Willensstärke, Mut und Freude sowie Tatkraft. Die Verbindung dieser Energiepotentiale in uns ermöglicht die Verwirklichung unserer Ziele auf der irdischen Ebene. Diese Engel sichern unsere menschliche Existenz hier auf Erden.

Das Tor zur **Seele** schließen **Engel der tropfenförmig geschliffenen Edelsteine** auf. Mit ihrem Schlüssel – dem Tropfen – ist die Einheit aus männlichen und weiblichen Energien manifestiert: in der Abrundung das Weiche, Empfangende, Sammelnde, sich Verströmende, Weibliche und in der Spitze das Zielgerichtete, Konzentrierte, Aktive, sich Behauptende, Männliche. Damit finden die Engel des Steines Einlass in unsere Seelenvorgänge und bringen Ausgeglichenheit und Harmonie in unsere innere Zerrissenheit. Denn meist erleben wir die männlichen und weiblichen Kräfte in uns als gegensätzlich, einander bekämpfend, was immer wieder zu großen Spannungen in unserer Gefühlswelt führt. Fällt so ein ‚Tropfen' in unsere Seele, ordnen sich diese Kräfte, unterstützen sich einander. Wir versinken nicht länger in Selbstmitleid und Hilflosigkeit, wir müssen nicht mehr andere ‚klein machen' um selbst ‚größer' zu sein. Wir spüren, wann es besser ist, zurückhaltend zu warten, Kräfte zu sammeln, nachzugeben, und wann es wichtig ist, uns einzubringen, zu behaupten, durchzusetzen, zielgerichtet zu sein.

Die Engel sorgen dafür, dass aus den höher schwingenden Seelenebenen Energien in unser Gemüt fließen, die unsere Gefühlsmuster mit Güte und Weisheit durchfluten, so dass wir zu neuen Eindrücken und einer Balance zwischen Hingabe und Willenskraft finden. Unter diesen Einflüssen verändern sich unsere Verhaltensweisen, so dass es uns möglich wird, Gegensätze nicht als ständigen Angriff und Zerreißprobe zu erleben, sondern als herausfordernde Antriebskraft und Spannung, die unsere Seele braucht, um in ihrem Erkenntnis- und Bewusstwerdungsprozess voranzukommen.

Zugang zum Tor unseres **Geistkörpers** haben **Engel der rund geschliffenen Edelsteine**. Mit ihrem Schlüssel – der Kugel, dem Kreis – aktivieren sie unsere intuitiven und inspirativen Kräfte, nehmen somit Einfluss auf Eingebungen und gedankliche Vorgänge. Sie unterbrechen beispielsweise ‚kreisende' Gedanken, die uns stets im Kopf herumgehen, ohne dass wir eine Lösung finden. Sie helfen uns mit impulsgebenden abrundenden, zentrierenden Ideen aus Extremen und Einseitigkeiten herauszukommen und immer wieder in unsere Mitte zurückzukehren. Damit gelingt es uns aber auch, aus dem Kreislauf, aus dem alten Trott, aus der festgefahrenen Situation herauszufinden. Die Engel zentrieren unsere Kräfte, indem sie unsere Aufmerksamkeit zu dem lenken, was wir gerade tun, um eine optimale Lösung oder Erkenntnis zu bekommen. Dies löst uns aus fest gefügten Denkmustern, die der Sache nicht mehr angemessen sind und bringt eine neue Offenheit für Erfahrungen des Lebens, die wir nicht erkennen, wenn wir dem Leben mit vorgefassten Meinungen und einseitigen Vorstellungen begegnen. Dadurch wächst in uns die Fähigkeit, uns dem Augenblick des Lebens vorbehaltlos zu stellen, auf Eingebungen zu achten und vertrauensvoller nach höherer Intuition zu handeln.

Ein Schlüssel, der immer ein Tor zum reinen göttlichen Licht, zur reinen göttlichen Liebe und ewigen Weisheit öffnet, ist mit den **Engeln der Bergkristalle** – sowohl **in den mächtigen Urkräften der gewachsenen Formen** wie auch **in den besonders leuchtenden, bewusstseinserweiternden geschliffenen Formen**. Mit dem Eintreten der Engel in unsere Aura und Energiekörper finden wir immer ganz direkt zum Licht. Damit ist es auch möglich, dass Licht in unsere Schattenseiten kommt, in abgespaltene, verdrängte Kräfte, in verborgene Potentiale, so dass wir sie kennen lernen, wandeln, transformieren, integrieren können.

Engel des Bergkristalls erreichen uns direkt über unser Kopf- und Stirnzentrum, ebenso Engel des geschliffenen Diamanten, des Brillanten, die uns die Vervollkommnung durch Einsicht bringen. Engel des Pyrit verbinden uns mit der goldenen Lichtkraft der Sonnensysteme.

Engel der facettiert geschliffenen Edelsteine, die in ihren lichtvoll leuchtenden Farben mit innerem Feuer funkeln, berühren uns ganz besonders über unser Hals- und Herzzentrum, über die Schultern und den Brustraum: Engel des Granat, Rubin, Citrin, Edeltopas, Olivin, Smaragd, Turmalin, Kunzit, Aquamarin, Saphir und Amethyst.

Engel der Edelsteine, die als Cabochon geschliffen sind, die ein warmes, sanftes, leuchtendes Licht verströmen, erreichen uns über das Energiezentrum der Hände und des Herzens: Engel des Rutilquarz, Rosenquarz, Chalcedon, Mondstein und der Jade. Engel der Opale erreichen uns in besonderer Weise über das Herzzentrum. Sie schenken uns sprühende Be**geist**erung und Energie für die kraftvolle, heitere, erfolgreiche Bewältigung unserer vielfältigen Lebensaufgaben hier auf der Erde.

Entfaltung des heilsamen Wirkens der Engel mit ihrem Edelstein

Es gibt viele Möglichkeiten, das Heil-same, den Samen der Heilung, den Engel im kosmischen und irdischen Entstehungsprozess der Edelsteine hineingegeben haben, zu beleben, mit dem Menschen zu verbinden und in ihm sich öffnen, entfalten und wirken zu lassen.

Die Aktivierung des Heil-samen, das mit dem Edelstein schon von Anbeginn vereint ist, geschieht mit der Anrufung der Engel und ist einfach und doch sehr wirkungsvoll:

Von ihrem Wesen her sind die Engel mit den Edelsteinen licht- und liebevoll verbunden. Damit sie durch ihren Stein zu uns kommen können, setzt voraus, dass wir sie um ihre Gegenwart und Hilfe bitten. Die Hinwendung unseres Bewusstseins zu den Engeln ermöglicht ihr Erscheinen.

Wir nehmen den Edelstein oder den Edelstein-Schmuck in unsere Hände, freuen uns an der Schönheit des Steines/Schmuckes stellen uns vor, wie das Funkeln des Steines/der Steine in ein Leuchten und Strahlen übergeht und ein größerer Licht-Stein derselben Farbe und Form sich aus dem Stein/Schmuck in unseren Händen entfaltet. In aller Einfachheit wenden wir uns innerlich den Engeln des Steines/Schmuckes zu und bitten sie um ihre Gegenwart und Hilfe. Dies ermöglicht den Engeln über die Ausstrahlung des Steines/der Steine einen Zugang zu unserer Aura und den Energiekörpern. Die Form und das Aussehen des Steines/Schmuckes vermitteln uns einen sichtbaren Eindruck von den Qualitäten seiner Engel und ihrer Lichtausstrahlung.

Wir begrüßen die ankommenden Engel, die ihren Stein liebevoll umgeben und seine heil-samen Lichtkräfte aktivieren wie nur sie das können, mit eigenen inneren Gefühlen und Worten der Liebe und Dankbarkeit. Wir können uns auch mit einem konkreten Anliegen an sie wenden, sie um einen Hinweis bitten und/oder um konkrete Hilfe.

Daraufhin können sich die Engel über ihren Stein mit uns verbinden und wirken. Wir können den Stein/Schmuck am Körper tragen, für eine gewisse Zeit auf unseren Körper auflegen oder ihn im Raum aufstellen.

Eine weitere Möglichkeit, die Engel der Edelsteine in unser Leben zu bitten und wirken zu lassen ist das Meditieren im Sitzen. Wir lassen dabei unsere Hände im Schoß wie zu einer Schale zusammenkommen, halten damit den Edelstein oder Schmuck, beleben seine heil-samen Lichtkräfte und bitten um die Gegenwart und Hilfe der Engel wie zuvor beschrieben. Wir stellen uns vor, wie ein leuchtender Strahl vom Stein/Schmuck in unseren Händen je nach Form, Schliff, Steinart zu unserem Kopf, unserem Herzen oder in unsere Hände geht. Dorthin wird er von seinen Engeln gelenkt, wo diese damit wirken können. Einer der anwesenden Engel begibt sich hinter uns, berührt uns an den Schultern, hüllt uns ein in seine mächtigen, leuchtenden Schwingungen. Er verschmilzt mit unseren Händen, die damit zu liebenden, lichtvollen, heilsamen Händen werden und durchflutet uns mit all seiner Liebe. Wir verweilen in diesem heil-samen Zustand.

Wollen wir die Meditation beenden, danken wir den Engeln und ihrem Stein und stellen uns vor, wie die Engel wieder zu ihrem Stein zurückkehren. Ebenso lassen wir den Lichtstrahl, der vom Stein zu unserem Kopf, Herzen oder zu unseren Händen ging, wieder zum Stein kommen. Auch der Engel, der uns über unsere Schultern und Hände in so besonders schützender und stärkender Weise berührt hat, löst sich nun wieder aus der innigen Verbindung mit uns und kehrt zu seinem Stein zurück.

Möchten wir mit einem Engel ganz schnell in Kontakt kommen, z. B. tagsüber in einer Situation, wo wir die Unterstützung eines Engels brauchen könnten, nehmen wir den Edelstein/Schmuck einfach in die Hand, drücken ihn und bitten innerlich, dass uns die damit verbundenen Engel helfen mögen. Wir halten den Stein/Schmuck kurz in der Hand, bis eine innerliche Veränderung eintritt und wir das Gefühl haben, wieder loslassen zu können. Wir bedanken uns und stellen uns vor, wie schön der Edelstein/Schmuck leuchtet und funkelt.

Nach jedem Tragen, Auflegen, Meditieren, in der Hand Halten, und bei den aufgestellten Edelsteinen von Zeit zu Zeit, sollten wir uns bei den Engeln und ihren Edelsteinen bedanken. Je nach Verarbeitung/Fassung des Steines/Schmuckes ist eine Reinigung unter fließendem Wasser oder mit einem sauberen angefeuchteten Tuch möglich indem wir uns dabei vorstellen, wie alles dunkle, schmutzige weggeschwemmt bzw. weggewischt wird. Ketten und Armbänder sollten nur mit einem angefeuchteten Tuch gereinigt werden, nicht unter fließendem Wasser. Nach dem Abtrocknen mit einem Tuch halten wir den Stein/Schmuck nochmals in unseren Händen, freuen uns an seinem Funkeln und Leuchten und wissen um die Gegenwart der Engel.

Wenn wir Edelsteine/Schmuck nicht tragen oder auflegen, können wir sie auf eine Bergkristallgruppe, in eine Amethystdruse oder auf ein Amethystdrusenstück legen. Hierbei sorgen Engel dafür, dass weitere Kräfte der Edelsteine erneuert, gestärkt werden. Die Engel von Bergkristallgruppen führen zu einer intensiven Reinigung, Klarheit und Ordnung der Kräfte der aufliegenden Steine. Die Engel der Amethystdrusen und –drusenstücke reinigen mit der geistigen Kraft der violetten Flamme und stärken spirituelle Wirkungen der aufliegenden Steine.

Wenden wir uns nun den Engeln der einzelnen lichtvollen Edelsteine zu. Es kommt dabei ganz besonders auf die Beschaffenheit des Steines, seine Klarheit, Reinheit, Einschlüsse, Farbdichte und Farbintensität, Form – gewachsen oder geschliffen – und seine Größe an. Aber es kommt auch auf die Person an und was sie braucht, wie die heil-samen Impulse sein müssen, um das hervorzubringen, was Heilung einschließlich Erlösung und Transformation optimal auslöst. Nicht jeder Mensch braucht einen großen Edelstein für seine Heilung und Entwicklung. Nicht jeder große Edelstein hat dieselbe Essenz. Ist beispielsweise ein Stein wolkig oder mit Einschlüssen ist seine Wirkung anders als bei einem ganz reinen Stein. Beides wirkt und wird gebraucht – aber sehr unterschiedlich.

Kopf- und Stirnzentrum

Engel des reinen und des goldenen Lichtes

Hauptsächlich die Engel der Bergkristalle kommen über das Kopf- und Stirnzentrum zu uns, aber auch die Engel des Diamant und Pyrit. Sie verbinden sich über die höchsten Wahrnehmungsmöglichkeiten mit uns und wirken hinein in unsere Vorstellungs-, Unterscheidungs- und Willenskräfte.

Unter all den Steinen ist der Bergkristall ein ganz besonderer Stein, der mit seinem Licht die göttliche Urkraft der Schöpfung verkörpert und die Christuskraft – den Christ in allem, den Kristall. Sein Name kommt vom griechischen ‚kristallos', weil man Bergkristalle für ewig gefrorenes Eis hielt. Darin kommt bereits zum Ausdruck, dass wir es beim Bergkristall mit etwas aus der Ewigkeit zu tun haben, mit etwas das von Anbeginn an war, ist und in Ewigkeit sein wird.

Der reine göttliche Geist hat sich im Bergkristall und in seinen Engeln verkörpert – in der grobstofflichen Materie und in der feistofflichen Lichtwelt – und steht der Seele auf Erden zur Verfügung.

Mit der Brillanz des Diamant entfalten seine Engel bewusstseinserweiternde und vervollkommnende Kräfte in uns und wenden uns der alles lenkenden Kraft des Göttlichen zu.

Über das goldene Licht des Pyrit verbinden die Engel uns mit Gottes allmächtigem Schutz und Segen und lassen uns den Kontakt mit unseren hohen himmlischen Verbündeten erkennen und ehren.

Hüter der geistigen Gesetze

Hüter der geistigen Gesetze

BERGKRISTALL

Bergkristall-Engel sind *»Hüter der geistigen Gesetze«* und sind in Verbindung mit einer hohen, übergeordneten geistigen Kraft der göttlichen Weisheit und reinen Liebe. Sie führen uns in die Einfachheit aller wahren und großen kosmischen und irdischen Abläufe und Wirkungsweisen.

Die Christuskraft wirkt in jedem Kristall und in jedem seiner Engel. Erzengel Gabriel, die „Kraft Gottes“ ist in besonderer Weise mit den Bergkristallen sowie mit Regenbogeneinschlüssen verbunden. Er ist der Engel der Verkündigung der Geburt und der Auferstehung Christi, der unsere Menschwerdung mit seinen Engelscharen begleitet.

Aber auch unsere Schutzengel haben eine besondere Kontaktmöglichkeit mit den Engeln der Bergkristalle. Schutzengel begleiten unsere Seele in vielen Erdenleben und stehen ihr bei in dem Bestreben, in ihrem Licht-Bewusst-Sein zu erwachen und sich weiter zu entwickeln. Die Seele wird sich dabei ihrer Licht- und göttlichen Strahlkraft bewusster, kann die geistigen Gesetze, ihre Wirksamkeit und Anwendung in der Materie erfahren, erkennen, anerkennen und stärker im Leben auf Erden nutzen und zum Ausdruck bringen. Die Bergkristall-Engel ermöglichen den Schutzengeln eine Intensivierung und Beschleunigung dieser Bewusstwerdungsprozesse der Seele, denn die Bergkristalle sind die Lichtträger und Lichtbringer auf Erden.

Die Engel des Bergkristalls berühren uns über Kopf und Gesicht, ihre generellen Aufgaben befinden sich in besonderer Weise in allen Bereichen, die mit unserem Kopf, mit unseren geistigen Potentialen, mit unseren Vorstellungen, Konzepten, Denkweisen und Gedankenstrukturen in Verbindung stehen. Das kann sich auf die ganz materielle Ebene beziehen – auf die Organe des Kopfbereiches und die beiden Gehirnhälften, den Verstand und die Gedanken – bis hin zu unseren intuitiven, meditativen und medialen Fähigkeiten. Darüber hinaus sind Engel des Bergkristalls aber auch mit dem Teil von uns verbunden, der uns (noch) nicht bewusst zugänglich ist, der sich im lichtvollen Geist allen Lebens ausdrückt und der von den Engeln Impulse bekommt, mehr in unser Bewusstsein, in unsere bewusstwerdende Wahrnehmung und Wirkung zu kommen wenn die Zeit dafür reif ist.

Dabei gibt es unterschiedliche Aufgaben und Tätigkeitsbereiche für die Engel und die Bergkristalle mit denen sie verbunden sind – je nachdem ob ein Bergkristall ganz klar und rein ist, Einschlüsse hat, wolkig bzw. milchig ist, ob er ungeschliffen oder geschliffen ist und welche Form er hat.

Wunderbar lichtvolle Engel können sich über **ganz klare Bergkristalle** mit unseren höchsten Potentialen vereinen, die das göttliche Licht wahrnehmen, aufnehmen und in unser irdisches Leben umsetzen. Diese Engel sorgen für Klarheit in unserer Intuition und in der Wahrnehmung der feinstofflichen Vorgänge und Zusammenhänge und helfen uns, diese Klarheit in unsere Vorstellungen, Denkstrukturen und Gedanken übergehen zu lassen. Dies wirkt wiederum klärend in unsere Gefühlswelt hinein und in unsere Seelenpotentiale, so dass wir bestrebt sind und die Kraft entwickeln, immer wieder für klare Verhältnisse auf allen Ebenen zu sorgen. Das reine Licht, das über diese Bergkristall-Engel in unsere geistige, seelische und körperliche Welt kommt, löst auch große Reinigungen aus, in denen alles ans Licht kommt und mit reiner Liebe umarmt und behandelt sein möchte.

Bewegung, Einfachheit und liebendes Bewusstsein bringen Engel der **klaren Bergkristalle mit Einschlüssen** in unser vielschichtiges Leben und wirken ganz besonders hinein in alles Erstarrte, Unbewegliche, Unbeugsame. Sie führen unseren Geist zu neuen Ufern, ermöglichen klärende Eindrücke, Erkenntnisse, Impulse in den Ideen und Gedanken. Sie führen die Seele in die Tiefe und in die Tiefen und Höhen unserer Empfindungen – den ungeweinten Tränen, Angst und Schrecken und dem Jubel der Seele. Sie sorgen für die Reinigung des Körpers, für seine Knochen und Gelenke, seine Organe und Funktionen von Ablagerungen und Schlacken, für die Lösung aus Verhärtetem.

Aus Abhängigkeiten von der materiellen Ebene führen uns die Engel der **Bergkristalle mit milchig-wolkigen Anteilen und mit klaren, lichten Teilen.** Sie lösen uns aus inneren Zwängen und stärken uns in der Hinwendung zu höheren Werten und Zielen. Sie aktivieren in uns Kräfte zur bewussteren Nutzung, Wertschätzung und Vereinigung beider Potentiale – den materiell und den geistig orientierten Kräften in uns – und ihre gegenseitige Unterstützung. Diese Engel unterwerfen uns einem tiefgreifenden Erkenntnisprozess, der eine zunehmende Befreiung von zu sehr einengenden Konzepten und eine klarere Unterscheidungskraft mit sich bringt.

Engel der Gemeinschaft

Engel der Gemeinschaft

BERGKRISTALLGRUPPE

Wenn sich mehrere Engel des Bergkristalls auf gemeinsamer Basis zusammenfinden möchten, sorgen sie dafür, dass mehrere Spitzen zusammenwachsen zu einer Bergkristallgruppe. Es sind die »*Engel der Gemeinschaft*«, die sich je nach Klarheit, Einschlüssen, milchigen Teilen (oftmals an der Basis) mit verschiedenen Anteilen in uns verbinden, und die in besonderer Weise das Zusammenwirken, Zusammenleben, Zusammenarbeiten unterstützen. Die gemeinsame Basis der Bergkristallgruppe aus der heraus die Spitzen gewachsen sind, entspricht der Basis der Gemeinschaft, um die es geht – beispielsweise um verschiedene Wesenszüge in uns selbst, um Familie, Lerngruppe, Arbeitsteam und deren gemeinsames Ziel. Manchmal sind die Spitzen einer Bergkristallgruppe in eine Richtung, teilweise in verschiedene Richtungen oder in ganz entgegengesetzte Richtungen gewachsen, mit einer oder mehreren großen und dominanten Spitzen, mit kleineren und/oder ganz kleinen und vielen Spitzen. Diese Bergkristallgruppen stärken die Wesenszüge in uns selbst bzw. in einzelnen Mitgliedern einer Gemeinschaft darin, ihre eigene Richtung zum Erreichen des Zieles der Gemeinschaft zu entwickeln. Sie helfen jedem einzelnen, seinen Platz in der Gemeinschaft einzunehmen – jedoch ohne den Bezug zur Basis und ohne den Boden unter den Füßen zu verlieren sowie den Kontakt zu den anderen.

»*Engel der Gemeinschaft*« können am intensivsten wirksam werden, wenn ihre Bergkristallgruppe in einem Raum aufgestellt ist, wo die Mitglieder der Gemeinschaft oft zusammen sind. Das kann im Wohn- oder Essbereich sein, im Büro auf einem Schreibtisch, im Raum einer Lerngruppe so dass sie von allen Lernenden und Lehrenden gesehen wird. In einem Schlafraum kann eine Bergkristallgruppe mit der Anzahl der Spitzen sein, die den in diesem Raum Schlafenden entspricht. Schläft eine einzelne Person im Raum, können die Engel der Bergkristallgruppe dafür sorgen, dass sich verschiedene Wesenszüge oder Fähigkeiten, Interessen dieser Person von einer Grundhaltung aus in verschiedene Richtungen entwickeln kann. Kleinere Bergkristallgruppen sind aus diesem Grund auch geeignet, zu einer Behandlung aufgelegt zu werden.

Engel der geistigen Führung

Engel der geistigen Führung

BERGKRISTALLSPITZE

Mit einer ordnenden, klärenden und besonders zielgerichteten Kraft kommen »*Engel der geistigen Führung*« zu uns über eine einzelne Bergkristallspitze. Sie wirken hinein in Eingebungen, Ideen, Willenskräfte, sie strukturieren Gefühlsebenen, sie bahnen mit lichtvollen Impulsen in Unordnung und Disharmonie geratene Zellen in unserem Körper den Weg zur Harmonie und Heilung.

Sind die Engel mit einer großen Bergkristallspitze vereint, können sie sich sehr gut mit uns verbinden, wenn die Spitze an einem besonderen Platz steht, wo sie gesehen wird. Die Engel stärken mit den Schwingungen, die sie von ihrer Bergkristallspitze zu uns in den Raum lenken, eine klare Ausrichtung zum Lichtbringenden, Harmonisierenden, zu höheren Werten und Idealen, sorgen für Licht, Transparenz, Einfachheit und Klarheit in einer Situation. Die Wirkungen der Engel intensivieren sich, wenn wir mit der Bergkristallspitze eine bewusste innere Verbindung aufnehmen und um die Gegenwart der Engel wissen, sie begrüßen und um Unterstützung bitten.

Engel, die mit einer kleineren Bergkristallspitze verbunden sind, können mehr für uns tun, wenn wir die Spitze in die Hand zu nehmen oder auf den Körper legen. Sie kommen zu uns, wenn wir uns in einer (inneren) Auseinandersetzung oder Situation befinden, in der wir um Klarheit ringen, verzweifeln, resignieren, Widerstände bekämpfen oder in körperlicher Schwäche, Störung, Überreaktion, Erkrankung sind.

Damit die Engel wirksam werden können, sollten wir um ihre Gegenwart und Heilung bitten und uns vorstellen wie sie mit ihrem reinen, zielgerichteten Lichtstrahl zu uns kommen. Dies passiert während wir ihre Bergkristallspitze längere Zeit in der Hand halten oder sie auf den Körper direkt auf die belastete Stelle legen. Wir können sie auch zu dem Energiezentrum legen, mit dem dieser Teil unseres Körpers verbunden ist. Wenn man mehrere Bergkristallspitzen hat, kann man diese auf verschiedene Energiezentren gleichzeitig legen.

Engel der reinen Schöpferkraft

Engel der reinen Schöpferkraft

BERGKRISTALL – EI

»*Engel der reinen Schöpferkraft*« kommen mit dem Bergkristall-Ei zu uns und nehmen mit ihrem reinen hellen Licht eine innige Verbindung mit unserem Energiekörper auf, der mit dem leiblichen, physischen Körper verbunden ist. Sie ermöglichen uns Einblicke in die Formkräfte klarer Gedanken und Gefühle und wie sie genutzt werden können, um neue Kräfte zu aktivieren. Sie regen körperlich wirksame Heilkräfte in uns an, statt uns von Gedanken der Angst beherrschen und treiben zu lassen. Beispielsweise geben sie uns deutliche Hinweise, wie wir das Zellbewusstsein beleben können, damit gesunde neue Zellen wachsen. Wir werden sensibler und achtsamer für das, was unserem Körper gut tut und was ihn belastet. Die Engel lassen uns erkennen, wie wir fest gefügte Muster unserer geistigen Vorstellungswelt von unnötigem Ballast befreien und Wirkungen auf körperliche Vorgänge entwickeln können, um diese von Schlacken und Ablagerungen zu entlasten.

Die Engel geben uns mit ihrem Bergkristall-Ei aber auch Impulse, ihre Eingebungen zu Neuschöpfungen und neue Ideen klarer wahrzunehmen, Neues zu entdecken und dem eine Lebendigkeit und Form zu geben. Sie unterstützen uns in elementaren, wesentlichen Klärungsprozessen, ob und wie wir unsere Schöpferkraft anwenden und nutzen möchten – beispielsweise ob wir ein Kind möchten oder nicht, ob wir mit unserer Schöpferkraft beruflich kreativ sein möchten, was uns zurückhält, unsere Schöpferkraft vital zu leben.

Engel der Selbstverwirklichung

Engel der Selbstverwirklichung

BERGKRISTALL – PYRAMIDE

Die »*Engel der Selbstverwirklichung*« bringen Aufgaben der Seele als Idee, als Wunsch, als Ziel in unser Bewusstsein und helfen uns, aus geistiger göttlicher Dimension die Fülle der Kraft zur Verwirklichung von Aufgaben in der materiellen Ebene zu schöpfen, zu bündeln und mit reinen Absichten umzusetzen. Sie stärken Motive in uns, die der geistigen Bewusstwerdung und Entfaltung im Einklang mit dem göttlichen Plan dienen. Dazu haben sich die Engel mit der Bergkristall-Pyramide verbunden.

Die Pyramide hat vier Ecken und eine rechteckige Basis mit der sie sicher steht. Mit dieser Form können die Engel Kräfte zur optimalen Bewältigung der Herausforderungen der materiellen Basis aktivieren – unter gleichzeitiger Einbeziehung des uns zur Verfügung stehenden geistigen Potentials, das sie über die Spitze der Pyramide, in der sich die Kräfte vereinigen, lenken. Die Spitze ist mit jeder Ecke verbunden – den sogenannten Grundpfeilern der materiellen Welt – und bildet dabei vier Dreiecke, die sich von der Basis zur Spitze erheben. Mit der Form des Dreiecks ist die göttliche Kraft, das geistige Prinzip verbunden. In der Pyramide vereinen sich göttliche Ziele und Kräfte mit der irdischen Welt und wirken hinein in die Materie.

Unser physischer Körper ist auch Materie, die mit geistigen Kräften verbunden ist, die vom göttlichen Licht durchdrungen ist. Erfahrungsgemäß sind gerade Bergkristall-Pyramiden sehr stark in ihrer Heilwirkung für den Körper, da sie das göttliche Licht in die Materie hineinbringt und darin manifestiert. Die Pyramide kann auf den Körper gelegt werden – entweder direkt zur geschwächten, belasteten, schmerzenden, erkrankten Körperstelle oder auf das Energiezentrum mit dem dieser Teil des Körpers verbunden ist. Dies ist meist für einen längeren Zeitraum täglich mindestens zwanzig bis vierzig Minuten erforderlich. Dabei ist die Ausrichtung der Pyramide zu beachten: jeweils eine Ecke sollte zum Kopf und zu den Füßen zeigen, die anderen beiden Ecken je eine zur rechten und eine zur linken Seite.

Wächter-Engel

Wächter-Engel

BERGKRISTALL – OBELISK

Die »*Wächter-Engel*« kommen mit ihrer starken Klarheit mit dem Bergkristall-Obelisk zu uns. Sie stabilisieren uns in der Geradlinigkeit und Wachsamkeit unseres Geistes und wachen darüber, welche Lehren, Ideen, Gedanken, Kräfte einen Zugang zu uns erhalten. Sie stehen vor den inneren Toren und geben acht, dass wir mit den Energieströmen versorgt werden, die wir für unsere Heilung und unser Wachstum brauchen. Ist eine Energie hilfreich, geben sie den Weg frei, öffnen sie das Tor. Erkennen sie, dass eine ankommende Energie für eine Entwicklung nicht förderlich ist, sorgen sie dafür, dass das Tor geschlossen bleibt. Die »*Wächter-Engel*« bauen einen starken Schutz auf, bringen Klarheit in unsere Unterscheidungskraft, prägen einen klaren Willen und einen reinen Intuitionskanal.

Das ‚Dach' des Obelisken ist eine Pyramide, darunter befindet sich eine viereckige Säule. Dadurch werden Wirkungen der Pyramide verstärkt und stabilisiert. Allerdings ist der Obelisk nicht geeignet, um auf den Körper zur Behandlung aufgelegt zu werden. Die Engel des Obelisken brauchen ihn stehend, um Stabilität und Standfestigkeit in uns wirksam werden lassen zu können. Es ist allerdings möglich, einen Bergkristall-Obelisken zu den Füßen und/oder hinter den Kopf zu stellen. Am Kopf stehend können die Engel die Lichtkräfte stärker in die Intuition, Denkweise, Gedanken- und Ideenwelt hineinwirken. Bei den Füßen stehend wird die Wirkung sehr direkt in die Klärung der nächsten Schritte hineingeflutet und die Achtsamkeit gefördert, nichts mit Füßen zu treten sondern mit jedem Schritt die Schöpfung zu würdigen.

Engel der Allverbundenheit

Engel der Allverbundenheit

BERGKRISTALL – KUGEL

Engel, die mit der All-Macht der Liebe und All-Weisheit harmonisierend auf unsere Widerstände, auf Extreme und Einseitigkeiten einwirken können sind die Engel, die aus ihrem Wesen heraus die Bergkristall-Kugel formten. Es sind die *»Engel der Allverbundenheit«*. Die Kugel ist eine harmonische Einheit. Alles, was diese runde Form stören könnte, ist vom Bergkristall abgeschliffen worden – alles, was in ihr ist, gehört zu ihr, ist integriert und zentriert.

Damit können uns die Engel helfen, immer wieder rasch in unsere Mitte zurückzufinden. Sonst braucht das eine Extrem seinen Ausgleich durch das Gegenteil. Jede Einseitigkeit erfordert, dass wir von der einen Seite auf die andere Seite müssen. Die Engel der Bergkristall-Kugel bringen mehr Klarheit in dieses karmafördernde, sich wiederholende und abwechselnde Ping-Pong-Spiel, so dass wir den Vorgang der dauerhaft gelebten Extreme und ihre Auswirkungen erkennen. Mit der runden Form der Kugel erreichen die Engel unseren Geist-Energiekörper und können die reine göttliche Intuition fördern sowie klare Denkstrukturen und Gedanken, die auch unsere stets kreisenden Gedanken zum Wesentlichen, zum Kern lenken.

»Engel der Allverbundenheit« begleiten uns gerne mit einer kleinen Bergkristall-Kugel, von etwa 1 bis 2 cm Durchmesser. Wir können sie in die Hand nehmen beim Spaziergang, bei einer Arbeit, beim Ausruhen, beim Meditieren, ... und die Engel sorgen dafür, dass wir uns erfrischt fühlen, wie neugeboren, erleichtert, kraftvoll.

Mit Bergkristall-Kugeln dieser Größe, oder auch etwas größeren, können die Engel ihre heil-samen Kräfte stärker in uns hineinfluten, wenn wir durch Massagen mit der Kugel harmonisierende, ausgleichende Bewegung in unsere energetischen Vorgänge bringen. Intuitive Massagen bei den Reflexzonen im Gesicht, den Händen, den Fußsohlen beleben Energiekanäle, so dass Engel die Lichtkräfte zu den damit verbundenen Organen, Gefühlspotentialen, Denkweisen und Vorstellungen lenken. Sie können diese reinigen, klären, ordnen und harmonisieren. Bei einer sanften Massage der Wirbel und der Nervenenden, die zu beiden Seiten der Wirbelsäule ankommen sowie des Schulter und Nackenbereiches können Engel ihre liebende heil-same Kraft hineinwirken in das, was Bewegung braucht um aus Erstarrung und Verhärtung zu kommen. Um lösen zu können, was ‚auf unseren Schultern lastet', was uns bedrohlich ‚im Nacken sitzt'.

Bergkristall-Kugeln jeder Größe können das Zentrum eines Altars, eines Kraftortes in einem Raum bilden. Engel umgeben die Kugel rundum mit ihren reinen Lichtschwingungen und ihrer reinen Liebe und verströmen diese Kräfte wellenförmig von der Kugel aus, harmonisieren und beschützen damit die Umgebung und natürlich auch die Menschen, die sich in der Nähe aufhalten. Wir können mit der Bergkristall-Kugel auch sehr gut meditieren, weil uns ihre Engel helfen, unsere kreisenden, abschweifenden Gedanken immer wieder zum Zentrum, zur Mitte zurückzubringen und im Licht zu konzentrieren.

Eine weitere Möglichkeit für die Engel, ihre heil-samen Kräfte in den Bergkristall-Kugeln in unsere Energiekörper hineinzuwirken, ist das Tragen einer Kette und/oder Armbandes aus Bergkristall-Kugeln.

Als **Armband** getragen wirken die Engel in unseren Alltag, in unsere Handlungsweisen hinein, führen uns immer wieder aus Extremen heraus, sorgen für klare Verhältnisse, die von reinen Motiven getragen sind. Die Engel dieser lichtvollen Kugeln, die unser Handgelenk umgeben, sind zudem mit unseren Schutzengeln verbunden, die uns auf diese Weise besonders beschützen und leiten können.

Als **Kette** am Hals getragen wirken die Engel der aneinander gereihten Bergkristall-Kugeln ebenfalls in besonderer Verbindung mit unseren Schutzengeln in das hinein, was uns bedrohlich ‚im Nacken sitzt', was karmisch oder als Schuldgefühl auf unseren Schultern lastet. Sie wirken aber auch über die Thymusdrüse in heil-same innere Wachstumsprozesse hinein, über die Schilddrüse in unser Wohlbefinden und in wichtige funktionelle, hormonelle Abläufe unseres physischen Körpers.

Aus jahrelangen Erfahrungen heraus ist die Bergkristall-Kette sehr hilfreich bei Funktionsstörungen der Schilddrüse.*)

Bei Schilddrüsen-Überfunktion ist dazu die **Kugel-Kette** mit ihrer zentrierenden, harmonisierenden Wirkungen anzuwenden, bei Schilddrüsen-Unterfunktion die **Bergkristall-Splitterkette**. Kleine Bergkristall-Steinchen (Splitter) werden als sogenannte Trommelsteine in einer Schleiftrommel geschliffen durch Hinzugeben von Schleifmittel und Wasser. Die Schleiftrommel wird über eine längere Zeit in Bewegung gesetzt, dabei reiben sich die Steinchen aneinander, schleifen sich gegenseitig in nicht festgelegte, abgerundete Formen. Dies entspricht vielen Schleifungsprozessen in unserem Alltagsleben, wo wir uns mit dem Partner, mit Familienmitgliedern, Nachbarn, Kollegen, Freunden, ... aneinander reiben. Dies führt zu Veränderungen und Entwicklungen in uns, die wir anerkennen und für die wir dankbar sein sollten. Die Bergkristall-Trommelsteine – auch als kleine Splitter, die zu Ketten verarbeitet werden – helfen uns beim Erkennen und Annehmen des gegenseitigen ‚Schleifens' durch aneinander reiben. Mit den vielen aneinandergereihten Bergkristalle zu einer Splitter-Kette wirken die Engel durch die Ansammlung vieler aktivierender Energien sehr stark unsere in unsere Antriebs- und Abwehrkräfte hinein und stärken das Immunsystem mit den ständigen Lichtimpulsen, die beim Tragen oder Auflegen der Kette an unser Energiesystem weitergegeben werden. Die Bergkristall-Splitterkette kann am Hals getragen werden, hier wirkt sie stark bei Schilddrüsen-Unterfunktion und auch bei geschwächten Abwehrkräften, die zu einer Erkrankung der Atemwege führen sowie als Schutz vor unerwünschten Einflüssen. Die Bergkristall-Splitterkette kann aber auch an jeder schmerzenden Stelle des Körpers aufgelegt werden. Die vielen Engel dieser vielen kleinen Bergkristalle geben unaufhörlich heil-same Lichtimpulse in die energetischen Vorgänge unseres Körpers und in die damit verbundenen Störungen im Seelen- und Geistkörper hinein. Mit diesem ständigen Einfluss intensivieren sie die Selbstheilungskräfte sehr stark und können damit oft eine Harmonisierung und Linderung bis hin zur Heilung im Körpergeschehen anregen.

*) *Frau Dr. Heidrun Breden weist bereits im >Naturarzt< 4/1997 darauf hin, dass bei zehn von zwölf Patienten die geplante Operation abgesagt werden konnte, „nachdem diese ein bis zwei Monate lang Tag und Nacht eine Bergkristall-Kette getragen hatten".*

Engel der reinen Herzensliebe

Engel der reinen Herzensliebe

BERGKRISTALL – HERZ

Die *»Engel der reinen Herzensliebe«* berühren in ihrer reinen göttlichen Liebe unser empfindendes Herz und vereinen sich mit der Flamme des ewigen Lichtes in uns. Diese Flamme wird zu einem hell lodernden Feuer in dem falsch verstandene Selbst- und Nächstenliebe gelöst und gereinigt wird, unser Selbstmitleid dahinschmilzt. Aus der brennenden reinen Herzensliebe können wir Klarheit und reine Liebe in Fülle schöpfen. Die Engel die über Bergkristalle, die in der Herzform geschliffen sind, zu uns kommen, helfen uns, diese Kräfte der Fülle, Freude und Liebe ‚reinen Herzens' zu entfalten, in ‚reinen' Absichten zu lieben und der Schöpfung damit zu dienen.

Die Form des Herzens besteht oben aus dem Zusammenkommen von zwei Engelsflügeln, die sich unten in der Spitze vereinen. Darauf reagieren in unseren Seelenkräften direkt und sehr starke Potentiale, die sich mit Engelskräften verbunden fühlen. Es ist einfach sich vorzustellen, wie die Engel mit all ihrer reinen Liebe unser liebendes Herz mit ihren Flügeln umgeben, einerseits beschützen, andererseits erstrahlen lassen im reinen Licht. Wir können erahnen, tief in unserer Seele spüren, dass wir in vollkommener Liebe sind. Bilder mit Jesus Christus und seinem großen strahlenden Lichtherzen, ebenso Bilder mit Maria, seiner Mutter, der Muttergottes, können uns auch daran erinnern und Urbilder in unserer Seele berühren.

In dieser reinen Herzensliebe können auch unsere belasteten Erfahrungen der Liebe berührbar werden und die Engel können heil-sam hineinwirken in die Enttäuschungen mit geliebten Menschen durch unerfüllte Erwartungen an uns selbst und andere, die wir als Herzschmerz in uns tragen. Denk-, Empfindungs- und Verhaltensweisen, die wir entwickelt haben, um diesen Schmerz nicht, nicht ständig, nicht so stark spüren zu müssen, können sich öffnen und die reine Liebe hereinlassen. Dies hat eine Wirkung auf unsere Herzensöffnung und Begegnungen mit anderen aber auch eine sehr entlastende, entkrampfende, heilende Wirkung auf unser körperliches Herz.

Ein Bergkristall-Herz können wir auf unser Herz halten oder auflegen und die damit verbundenen *»Engel der reinen Herzensliebe«* einladen, unser Herz zu berühren und in ihrer Liebe zu baden und zu reinigen.

Es gibt aber auch Bergkristall-Herzen, die als Anhänger getragen werden können. Damit können uns die Engel langanhaltende Unterstützungen der reinen Herzensliebe geben und uns im Alltag immer wieder erinnern, ‚reinen Herzens' zu entscheiden, zu sein, zu dienen.

Engel-Meditation mit einem Bergkristall

Sitze in meditativer Haltung, nimm einen Bergkristall in deine Hände wie in eine Schale, freue dich an der Schönheit dieses Kristalls und begrüße ihn als Lichtfreund, als Lichtträger, als Lichtbegleiter und kehre damit ein nach innen in deine inneren Welten und schließe die Augen. Nimm nun inneren Kontakt mit diesem wunderschönen Bergkristall in deinen Händen auf und stelle dir vor, wie sich sein reines Licht stärker entfaltet.

Bitte die Engel deines Bergkristalls um ihre Gegenwart und Unterstützung. Begrüße die ankommenden Engel in ihrem mächtigen reinen Licht, stelle dir vor, wie sie den Bergkristall umgeben und seine Lichtkräfte weiter beleben, wie nur sie es tun können. Einer der Engel begibt sich hinter dich, berührt dich an deinen Schultern, hüllt dich mit all seiner innigen reinen Liebe und seinem reinen Licht ein, durchflutet, schützt und stärkt dich damit. Du kannst dich darin ganz geborgen fühlen.

Die Engel lenken deine innere Aufmerksamkeit zu dem Bergkristall in deinen Händen. Sein reines Licht leuchtet hell und klar und der Kristall wird in seiner lichtvollen Ausstrahlung immer größer bis er ein großer Licht-Kristall ist. Du erkennst darin einen Kristall-Tempel. Seine Engel erwarten dich bereits und fluten dir ihre reine Liebe entgegen und ihr strahlendes Licht und laden dich liebevoll ein, einzutreten. In der Geborgenheit und Führung deines Engels trittst du ein in diese Welt aus reinem vibrierenden Licht und reine Liebe kommt dir von allen Seiten entgegen, und ganz natürlich atmest du dieses reine Licht und diese reine Liebe ein und aus. Dein Engel ist einer dieser wunderschönen Engel. Er berührt dich jetzt stärker und in diesem Augenblick ist es ganz warm und hell in dir, seine innige reine Liebe durchflutet dich, verschmilzt mit dir.

Der Engel führt dich nun tiefer hinein in deinen Kristall-Tempel zu einer reinen Quelle mit vital sprudelndem lebendigen Licht voller reiner Liebe. Du wirst bereits erwartet von einem großen leuchtenden Engel, der dich liebevoll begrüßt. Dein Engel, der dich begleitet, trägt dich in seinen mächtigen leuchtenden Flügeln und Schwingungen hinein in diese Lichtquelle und wiegt dich sanft in aller Liebe hin und her. Der Engel der Lichtquelle schöpft immer wieder aus ihr und übergießt dich mit strömendem reinen Licht. Er reinigt damit die Zellen und Energiebahnen deines Körpers, deine belasteten Gefühle und Gedanken und ihre Schwingungen. Voller Freude badest du in diesem reinen Licht- und Liebestrom und genießt diese Geborgenheit in den Flügeln deines Engels, der dich noch lange mit all seiner reinen Liebe trägt und wiegt. Du darfst so lange in dieser heil-samen Energie verweilen wie du es brauchst. Dann trägt dich dein Engel liebevoll aus dem Lichtbad heraus und viele Engel, die jetzt für dich da sind und dich umgeben, trocknen dich mit ihren Flügeln, streicheln dich damit voller Liebe. Unendliche Liebe und Dankbarkeit durchflutet dich.

Zutiefst berührt bedankst und verabschiedest du dich vom Engel der Lichtquelle und den vielen Engeln, die dich umgeben. Du bist erfüllt mit neuer Kraft und dein Engel führt dich auf deinem Weg im Licht zurück. Doch bevor du mit ihm deinen Kristall-Tempel verlässt, sammeln sich nochmals die Engel um dich, die du bereits von der Lichtquelle kennst, und segnen dich mit ihrer reinen Liebe. Nun verlässt du den Kristall und kehrst zurück in dein Körpergefühl. Noch immer spürst du die liebende Gegenwart deines Bergkristall-Engels, der sich jetzt behutsam aus deinen Schwingungen löst. Du dankst ihm und auch dem Bergkristall, den du nun wieder in deinen Händen spürst. Bitte die Engel, die ihn umgeben, ihn zu reinigen und von allem zu lösen, was er während der Meditation in dir berührt hat und bedanke dich bei ihnen. Der Bergkristall in deinen Händen leuchtet und strahlt jetzt wieder hell und klar in seiner irdischen Größe. Atme ein paar Mal tief und bewusst ein und aus, bewege deinen Körper sanft hin und her, öffne dann wieder deine Augen und komme ganz in das Hier und Jetzt zurück und schaue mit all deiner Liebe und Freude auf deinen Bergkristall, danke ihm. Bevor du ihn wieder an seinen Platz zurückstellst, reinige ihn unter fließendem Wasser und stelle dir gleichzeitig dabei vor, wie alles Dunkle und Schmutzige von ihm weggeschwemmt wird. Trockne ihn mit einem sauberen Tuch ab, halte ihn nochmals kurz in deinen Händen, bewundere ihn und freue dich an ihm, wie schön er ist, welches Licht er verkörpert, mit welch hell leuchtenden, mächtigen Engeln er verbunden ist. Danach können seine Engel von seinem Platz aus ihre Lichtkraft verströmen und damit wirken.

Engel der Einsicht

DIAMANT

Die »*Engel der Einsicht*« haben den König der Steine, den Diamant gewählt, um mit der reinsten, mächtigsten und weisesten Kraft zu uns zu kommen und unsere geistigen Fähigkeiten zu entfalten sowie unsere Gefühls- und Triebnatur beherrschen zu lernen. Obwohl bereits die einzigartigen Eigenschaften im Rohstein erkennbar sind, – seine enorme Härte, sein Glanz, seine gewaltige Lichtbrechung und große Farbenstreuung – entsteht erst durch den typischen Diamantschliff der Brillant und das prächtige Farbenspiel, das begehrte ‚Feuer', die Brillanz des Steines. Der Diamant ist reiner, kristallisierter Kohlenstoff und farblos am kostbarsten. Durch eingelagerte Fremdstoffe können beim Diamant verschiedene Farbtönungen (gelb, grün, blau, rosa) entstehen doch hier geht es um den farblosen, hellen Diamanten, der in runder Form, in vielen Facetten zum Brillant geschliffen wurde.

Die »*Engel der Einsicht*«, die mit dem geschliffenen Diamanten, dem Brillanten, zu uns kommen, verbinden sich an höchster Stelle mit unserem Geistkörper und helfen uns, die Kraft des göttlichen Geistes als lenkende Instanz zu erkennen und anzuwenden, um die irdische, materielle Ebene beherrschen zu lernen.

Die Entwicklung des menschlichen Bewusstseins ist darauf ausgerichtet, sich die Erde untertan zu machen. Die Erde können wir einerseits wörtlich nehmen und als die Erde, auf der wir als Menschen leben, betrachten. Zudem ist die Erde aber auch Ausdruck für das Irdische, Verkörperte, Grobstoffliche im Gegensatz zum Himmel, Himmlischen, Geistigen, Feinstofflichen. Wir Menschen dürfen in unserem Erdendasein unser geistiges Potential wiederentdecken, aktivieren und nutzen lernen und dabei erkennen, dass der Geist die Materie formt und dadurch auch beherrscht. Dies lehrt uns, dass die Materie vom Geist durchdrungen ist und wir in der Materie den Geist – Gottes Kraft – wiederfinden. Es ist deshalb nicht angemessen, die materielle Ebene, das Ir-

Engel der Einsicht

dische zu verachten – damit würden wir einen Teil der göttlichen Schöpferkraft verachten. Vielmehr geht es um die Erkenntnis der Durchdringung, d.h. dass wir ein Weltbild entwickeln, das erkennt und anerkennt, dass es hinter bzw. über der irdischen, äußerlich sichtbaren Welt geistige Kräfte und Hierarchien gibt, die diese irdische Welt formen und sich über sie ausdrücken und manifestieren.

Die Engel unterstützen uns mit ihrem in viele Facetten geschliffenen Diamant in dem Streben nach Befreiung und Unabhängigkeit von unseren körperlichen, gefühlsmäßigen und gedanklichen Trieben, die uns an die Materie binden. Alle Facetten unseres Daseins, alle Bereiche unserer Potentiale kommen mit ihren triebhaften Strukturen ins bewusste Leben, werden ‚geschliffen' bis sie vollkommen funkeln, sich ihrer großen Kraft bewusst sind und einsehen, dass es das Beste für uns selbst und die ganze Schöpfung ist, damit dem göttlichen Plan zu dienen und in diesem Sinne zu herrschen.

Mächtig sind die Energien der Engel, mit denen sie unsere Schleifungsprozesse begleiten und uns immer wieder in der Bewältigung und Überwindung unserer Triebnatur beistehen. Es geht dabei nicht um die Verdrängung unserer Triebkraft, sondern um ihre Verwandlung. Wir dürfen in diesem Prozess erkennen, dass in unserer (sexuellen) Antriebskraft ein viel größeres Potential verborgen liegt als allein die Befriedigung unserer körperlichen, materiellen, emotionalen und egozentrischen Bedürfnisse auf der irdischen Ebene. Mit der Befreiung aus der *Abhängigkeit,* unsere Sexual- und Antriebskraft auf der physischen Ebene ausleben zu *müssen,* gelangen wir damit zu unserem schöpferischen Potential. Das heißt nicht, dass wir unsere Sexualität nicht mehr körperlich leben sollten. Aber wir dürfen erfahren, dass dies nicht die einzige Möglichkeit ist, diese große Kraft zu erleben und dass dies nicht das einzige Potential der Sexual- und Antriebskraft ist. Vielmehr ermöglicht uns diese existentielle Kraft die Erfahrung und Einsicht, dass wir durch die mächtigen Antriebs- und Fortentwicklungskräfte mit einer inneren Kraftquelle verbunden sind, einem geistigen, feinstofflichen Potential, das uns Inspiration, Freude und Tatkraft gibt, unser Leben in bewusster Verbindung mit der göttlichen Schöpfung leben zu lernen und uns dabei bewusst zu vervollkommnen.

Dieser Erkenntnis- und Entfaltungsprozess geschieht in vielen Erdenleben, in denen sich die Seele immer wieder verkörpert und sich Schleifungsprozessen, die der Verfeinerung, der Veredlung, der Einsicht und bewussten Vervollkommnung dienen, unterzieht – so wie der Roh-Diamant auch erst durch seinen reichen Facettenschliff zur vollkommenen Schönheit des Brillanten mit seiner klaren Transparenz und vollendeten Leuchtkraft wird.

Engel der Ehre

PYRIT

»Engel der Ehre« sind mit dem Pyrit in Verbindung. Sie verherrlichen und lobpreisen Gottes Kraft und vermitteln uns einen Hauch seiner Größe. Sie bringen goldenes Licht in unsere Aura und stellen Verbindungen zu hohen Lichtenergien – auch anderer Planeten und Sonnensysteme her.

Pyrit wurde schon in der Steinzeit benützt als wertvolle Hilfe beim Feuermachen, da er beim Aneinanderschlagen Funken versprüht. Damit ist der Pyrit von ganz besonderer Bedeutung für die Menschheitsentwicklung. Sein Name leitet sich von der alten griechischen Bezeichnung ‚pyrites lithos' ab, dem Feuerstein. Sie benutzten ihn aber auch wegen seiner Heilwirkung – vor allem bei Leberleiden. Pyrit bildet oft Würfelformen, als Besonderheit Scheibenformen, die so genannten Pyritsonnen, die opak sind (nicht lichtdurchlässig) und metallisch glänzend, messing- bis goldfarben, manchmal in bunten Farben schimmernd.

Pyritwürfel

Die Engel, die mit dem Pyritwürfel zu uns kommen, wirken stark manifestierend in die irdische Welt hinein mit der Form des Würfels. Sie bringen hohe Lichtkräfte von anderen Planeten und ihren Sonnensystemen mit denen sie uns von der göttlichen Allgegenwart künden und diese mit der immanenten Weisheit und Intelligenz spürbar werden lassen in unserem Erdenleben. Eine unerwartete geistige Schau oder Erkenntnis, eine Idee, ein mystisches Erlebnis sind typisch für das Wirken dieser Engel. Sie geben uns Impulse und Energien aus hohen Quellen unseres göttlichen Bewusstseins, die uns Neues offenbaren, vor der Größe der göttlichen Schöpferkraft erstaunen lassen und Kanäle öffnen, damit diese Energien in unserem Leben auf der Erde umgesetzt und angewandt werden können.

Engel der Ehre

Pyritsonne

Die Pyritsonne hat die Form einer Scheibe. Sie weist von der Strukturenergie der Oberfläche her eine deutliche Zentrierung in der Mitte auf, von wo aus reliefartig Strahlen nach außen gehen. Das Abbild der Sonne mit ihrer nicht versiegenden Kraft. Die *»Engel der Ehre«*, die sich in der Pyritsonne mit ihren heil-samen, göttlichen Gaben verkörpert haben, bringen uns mit der Sonnenenergie eines anderen Planeten oder Sonnensystems in Verbindung. Sie bereiten uns vor auf unser Dasein als ‚Sonnenmensch', wo wir – wie eine Sonne – zentriert in unserer Mitte eine beständige, kraftvolle, in sich ruhende, stets sich verströmende Lichtquelle, segnendes und die Schöpfung ehrendes Bewusstseins verkörpern werden. Die Engel unterstützen uns in diesem langen Weg der Entfaltung unseres Selbst- und Lichtbewusstseins und helfen uns, ein sonniges, heiteres Gemüt zu entwickeln. Sie lassen uns diese vollkommene Ruhe erfahren, wenn wir in unserer Mitte sind, und sie helfen uns, die gewaltige Kraft, die dann aus uns strömt und ‚Berge versetzt', schöpferisch liebevoll anzuwenden.

Die Engel der Pyritsonne schützen uns auch vor Anfechtungen und Angriffen aus der Dunkelheit, die letztendlich durch die noch unbewussten Teile unserer Seele angezogen werden. Mit ihrer großen Lichtausstrahlung stärken sie unsere innere Sonne, die in der Körperaura im Solarplexus-Zentrum sichtbar wird. Ihre leuchtend pulsierende Energie verströmt sich in alle Richtungen und ist stärker als jede Angst.

»Engel der Ehre« sensibilisieren uns für die Dankbarkeit und Wertschätzung der göttlichen Allmacht und ihrer unermesslichen Größe. Sie vermitteln uns Zeremonien und Segnungen, um dies zu ehren, aber auch eine ehrende innere Grundhaltung mit der wir die Schöpfung in unserem Alltag achten.

Pyrite sollten nicht mit Wasser gereinigt werden! Es ist möglich, sie nach einer geistigen Reinigung um die wir die Engel bitten, auf Bergkristalle oder Amethyste zu legen.

Hals- und Herzzentrum

Engel der facettiert geschliffenen Edelsteine

Engel, die über das Hals- und Herzzentrum zu uns kommen, sind mit Edelsteinen verbunden, die sich in ihrem Wachstumsverlauf oftmals aus opaken bis hin zu durchsichtigen, ganz leuchtenden Abschnitten entfaltet haben. Die leuchtendsten Teile des Steines werden durch das Schleifen zu Facetten in einen Zustand gebracht, der ihr Leuchten und Funkeln erst zum Ausdruck bringt. Mit dem Schliff kommt das Feuer hervor, wird die schlummernde Schönheit zu strahlender Kraft erweckt. Sie tragen die edelste und leuchtendste Schwingung des gewachsenen Steines in sich sowie die veredelnd und erhöhend wirkende Schwingung des Schliffes.

Engel, die mit diesen Edelsteinen in Verbindung sind, haben ihre intensivsten, leuchtendsten, reinsten Kräfte in die Farbe des Steines und in seine Ausstrahlung und heil-same Wirkung hineingegeben. Von jeder Facette, von jeder exakt geschliffenen Fläche des Steines geht ein lichtvoll leuchtender Strahl aus, der mit einem Engel verbunden ist. Der Facettenschliff bringt ganz klar (an-)geordnete und differenzierte Energien reinster Ausstrahlung.

Ein facettiert geschliffener Edelstein kann verschiedene Formen haben. Hier wenden wir uns den Engeln der rund, oval, tropfenförmig, rechteckig (oft im Achteckschliff) geschliffenen Steine. Die Facetten können in unterschiedlicher Form und Anordnung geschliffen sein, beispielsweise im Brillantschliff, im Stufen- oder Treppenschliff, im Ceylonschliff (viele kleine Facetten am Unterteil). Es gibt sehr viele Schliffarten und -formen der Edelsteine, die hier nicht beschrieben sind. Oft treten Ähnlichkeiten zu den genannten Formen auf. So beziehen sich die Aussagen, die z. B. über die rechteckige Form gemacht sind, auch auf die Baguetteform, auf quadratische und achteckige Schliffformen. Die Antik-Form trägt Energien von Oval und Achteck in sich und verbindet diese beiden Potentiale harmonisierend miteinander. Die Engel der Facetten-Kugel vervollkommnen die Kräfte der runden Form und erhöhen in uns das Bewusstsein, indem sie unsere hohen Ideale aktivieren und unsere Kräfte vielfach zentrieren. Die Engel der Herzform in Facetten beleben die strahlende Liebe, Schönheit und Weisheit unseres Herzens. Engel, die ihren Stein im Navette-Schliff schleifen ließen, bringen uns wie ein Schiffchen behände von einer Seite zur anderen, unterstützen eine wirksame Durchschlagskraft – die Wirkung tritt schnell ein, ist aber auch schnell wieder vorbei. Oft erinnern uns diese Engel mit einem schnellen, kurzen Impuls an noch Unerledigtes, Unbewältigtes in unserem Leben und bringen Entscheidendes in Bewegung.

Mit facettiert geschliffenen Edelsteinen sind immer viele Engel verbunden – mit jeder Facette ein Engel –, aber auch ein sehr großer, besonders ausstrahlender Engel, der besonders die Qualität der Form und Farbe seines Steines verkörpert und dem alle Engel der Facetten untergeordnet sind. Die Engel der facettiert geschliffenen farbigen Edelsteine berühren uns am Hals- und Herzzentrum. Die eindeutige Form ihres Steines und ihr klarer Energieausdruck hat entscheidende Auswirkungen auf unsere Aura und damit auf unsere verschiedenen Energiekörper. Die Steine und Kräfte in denen sie zusammenkommen sind wie funkelnde Sterne.

Engel des Aufbaus

Engel des Aufbaus

GRANAT

Engel, die sich im Granat verkörpert haben, kommen in reichen Farbunterschieden vor. Hier wenden wir uns den *»Engeln des Aufbaus«* zu, die mit dem rot funkelnden Granat verbunden sind. Schon sehr lange sind sie wirksam hier auf Erden mit ihrem Stein, der früher auch Karfunkel genannt wurde, dem man eine magische Leuchtkraft zuschrieb, mit dem die Engel sogar im Dunkeln ihren Stein im rot aufleuchtenden Licht erglühen lassen konnten. Die Menschen verbanden schon damals damit, dass die Kräfte des Karfunkel Licht und Hoffnung bringen – gerade auch in die Bereiche der Gedanken und Emotionen, wo die Finsternis wohnte.

Wenn diese Engel mit ihrem von Licht durchstrahlten kräftigen Rot kommen, wirken sie mit antreibenden, aktiven Kräften in unser irdisches Leben hinein, wecken und stärken unsere Freude am Tun und beleben in uns ein Feuer, um mit Freude und Kraft etwas Neues aufzubauen.

Granat – Ovale Form

Die *»Engel des Aufbaus«* mit ihrem wunderschön tiefrot funkelnden vitalen Rot regen unsere Sexual- und Antriebskräfte an, stärken die Sexualität und Potenz. Sie können sich mit der Sehnsucht in uns nach Fortpflanzung und neuem Leben, das wir Kindern durch unsere Liebe geben möchten, vereinen, so dass eine Schwangerschaft möglich wird, der Wunsch nach einem Kind sich erfüllen kann. Die Engel wirken mit ihrem vitalen Rot aber auch ganz stark hinein in den gesunden Blut- und Zellaufbau und sind besonders hilfreich, wenn jemand viel Blut verloren hat – beispielsweise nach einer Operation.

Granat – Rechteckige Form

Die leuchtendroten Engel beleben in uns Motivationen und Kräfte, etwas ‚Fundamentales' in unserem Erdenleben aufzubauen. Sie unterstützen uns in Phasen, in denen wir besonders viel körperliche Kraft brauchen und immer wieder erneuernde Impulse, um durchzuhalten – um einen Hausbau zu verwirklichen, die Einrichtung einer Wohnung, um Berufsausbildung, Weiterbildung, Studium, Karriere zu machen, eine Existenz aufzubauen, ... Mit den klaren Linien und Flächen ordnen und strukturieren sie Energien, die uns nicht nur mit Feuereifer an eine Sache herangehen lassen, sondern die uns auch ein andauerndes Feuer liebevoller, ausdauernder Tatkraft geben, voller verwirklichender Energie für die gefassten Pläne.

Granat – Runde Form

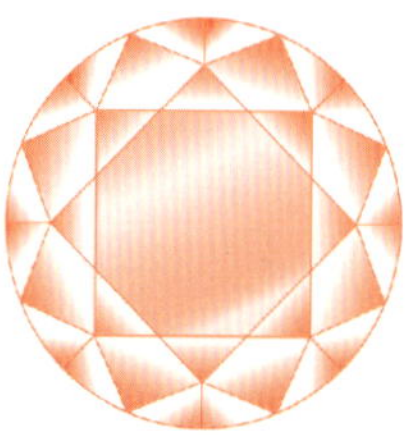

Hier unterstützen uns die Engel in ihrem vital funkelnden Rot in der gedanklichen Auseinandersetzung mit einer Sache – von der Idee über den brennenden Wunsch nach Verwirklichung bis hin zum ausgereiften, abgerundeten Plan, der das Ziel realisierbar macht. Sie stärken die Willenskraft, den Aufbau zu schaffen, das Ziel zu erreichen und starke Kräfte schöpferisch konstruktiv zu nutzen. Die Engel ermutigen uns immer wieder, bei Schwierigkeiten, Herausforderungen, schweren Aufgaben und Prüfungen alle Kräfte zu sammeln und erfolgreich einzusetzen.

Granat – Tropfenform

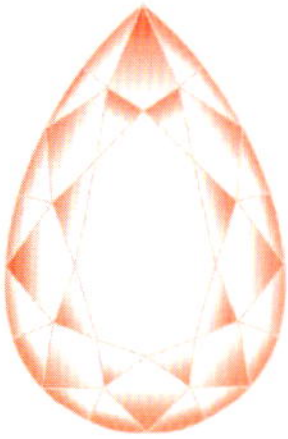

Diese Engel berühren mit ihrem leuchtenden, funkelnden Rot unsere Seelenkräfte, stärken die Hoffnung nicht zu verzagen, wenn die Herausforderung an unsere Kräfte zu groß erscheint. Sie mobilisieren nahezu unerschöpfliche Kräfte und Reserven – auch in Zeiten der Not, nach Zerstörungen durch Naturkatastrophen oder Krieg. Mit Beständigkeit und Treue wirken die Engel in unsere Gefühlswelten, Bindungen und Lebensmotivationen hinein und sorgen dafür, dass eine begeisterte Liebe nicht wie ein Strohfeuer schnell wieder erlischt sondern immer wieder neue Lebendigkeit entfaltet.

Die Engel des Granat wirken auch in unsere Stimme hinein, lassen sie wohltuend warm und kraftvoll klingen, wenn wir ihren Stein bzw. Granatschmuck am **Hals** tragen.

Mehr zum **Herzen** hin getragen können die Engel die Herztätigkeit besonders stärken mit ausdauernder Energie und stets erneuernd in die Herzensliebe hineinwirken.

Mit einem **Armband** sorgen die Engel für Antriebskraft und vitale Freude in unserer Handlungsweise. ‚Handfeste' Schwingungen entfalten die Engel mit einem Granat-**Ring** und tragen besonders zur ganz konkreten Verwirklichung aufbauender Kräfte bei.

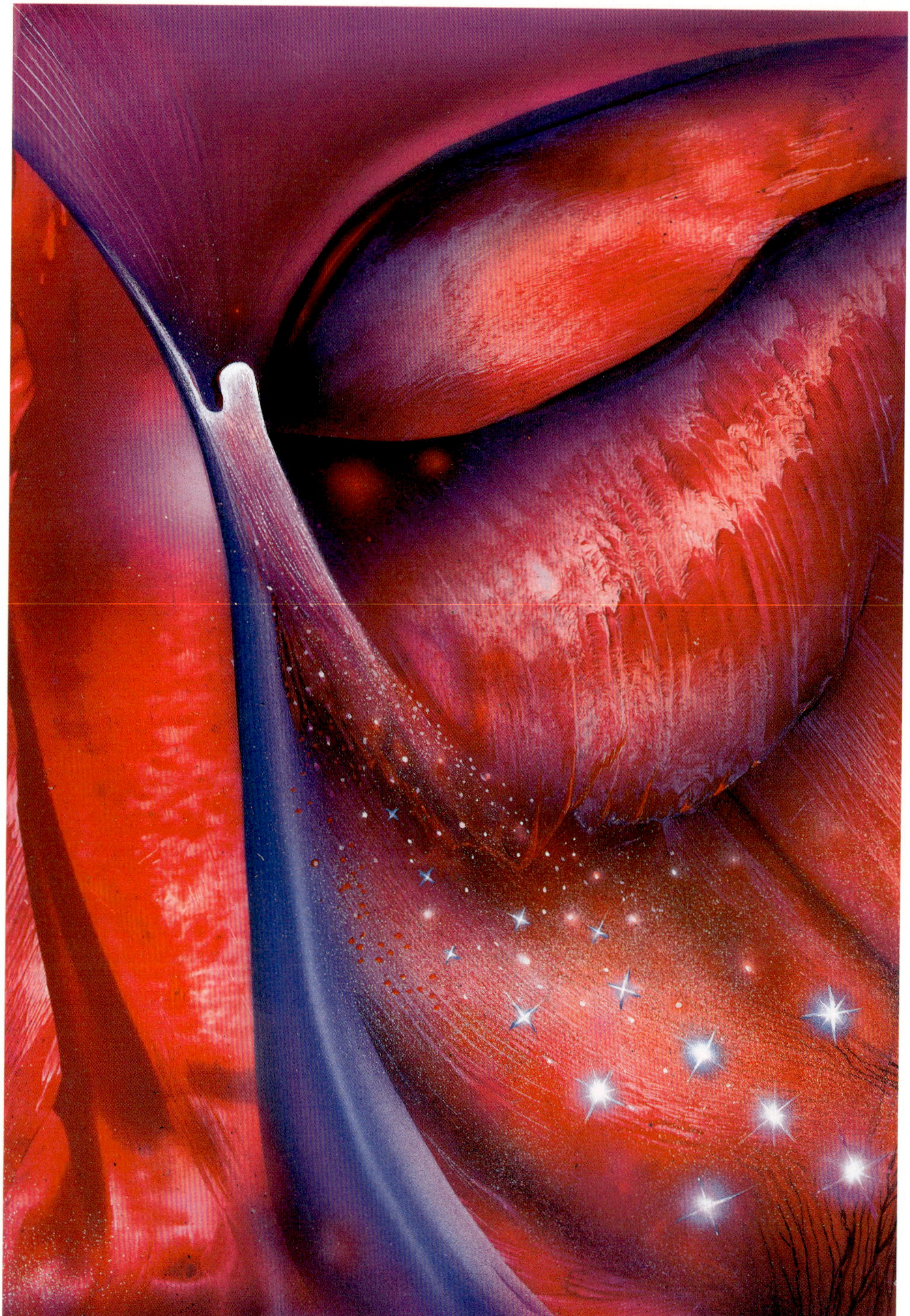

Engel der Schönheit

Engel der Schönheit

RUBIN

Mit einem einzigartigen Rot kommen die *»Engel der Schönheit«* zu uns über den Rubin und hüllen uns ein in ihre rubinroten Schwingungen. Das feurige, antreibende, auf die physische Welt ausgerichtete Rot vereint sich in den Engeln und in ihrem Stein mit dem tief in sich ruhenden Dunkelblau, mit dem sie geistige, spirituelle Kräfte aktivieren und einbeziehen. Sie vereinen die Sexual- und Antriebskraft, die Tatkraft mit der Vorstellungs-, Willens- und Glaubenskraft, der Spiritualität. Damit helfen sie uns ‚Berge zu versetzen' – mit einem Stein, der von den Indern als ‚Herr der Edelsteine' bezeichnet wird, von den alten Griechen als ‚Mutter aller Edelsteine' und von den Römern als ‚Blume unter den Steinen'.

Der Rubin ist nach dem Diamant das härteste Mineral und von hoher Lichtbrechung. Er ist selten und von großer Schönheit. Die Engel verkörpern in ihm die Vereinigung von geistiger und sinnlicher Liebe und seit Urzeiten gilt er als Stein der Liebenden und der Treue und als prächtiger Stein der Herrscher und Könige. Die von den Engeln belebten Kräfte der Rubine können zu einer Quelle sprudelnder Lebensfreude werden und uns den Sinn und die Schönheit des Lebens finden lassen.

Rubin – Ovale Form

Mit ihrem wunderschönen Rubinrot verströmen sich die Engel in unserem körperlichen Geschehen, entfalten Lebenskraft und starke Gefühle der Liebe, Sinnlichkeit und Treue. Sie helfen uns, Sexualität zu erleben in der Schönheit der körperlichen Liebe in der wir aber auch die göttliche Liebe erfahren können. Das Göttliche, das in jedem Menschen ist, vereint sich in Ekstase und Liebe, wenn sich zwei Menschen körperlich lieben – die Engel helfen uns, dies bewusster zu erleben.

Die Engel erreichen aber auch unsere Antriebskräfte und verbinden sie mit der Glaubenskraft, so dass wir Stärke in Verbindung mit Selbstvertrauen spüren, an uns selbst glauben und daran, dass wir es mit göttlicher Hilfe schaffen, das was wir uns vorgenommen haben, zu erreichen.

Rubin – Runde Form

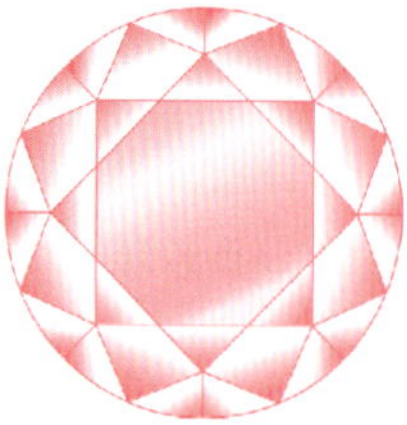

Engel verbinden sich mit ihren kraftvollen, schönen, Schwingungen mit unserer Gedanken- und Vorstellungswelt, die sie mit vitaler und sinnlicher Kraft anregen und stärken. Sie führen den persönlichen Willen mit dem göttlichen Willen zusammen, inspirieren uns und beleben die Intuition so, dass wir sie nicht sofort zweifelnd zerstören. Oft unterstützen sie uns, auf verdrängte Lebensfragen Antworten zu finden und uns Zugang zu neuen Perspektiven zu öffnen. Sie helfen uns die Einheit mit der Liebe Gottes in uns selbst wahrzunehmen und in allem was wir in wahrer Liebe tun. Daraus können die Engel die Schönheit der Liebe entfalten und in unseren Denkweisen verwurzeln, so dass wir sehr viel bewusster und sensibler sind für das Zusammenwirken des Schöpfers mit uns, mit seinem Geschöpf.

Rubin – Tropfenform

Wie einen glühenden Tropfen lassen die Engel ihre Schwingungen in unsere Seele hineinfallen und intensivieren die Liebe zum Leben. Wenn sie damit schmerzliche Gefühle berühren, erfahren wir Trost und mitfühlende, verstehende Liebe. Daraus schöpft die Seele Kraft, alte Wunden zu schließen und erfährt inneren Frieden. Dann können die Engel an ihre Hauptaufgabe gehen: den Wandlungsprozess des Gemüts. Dabei werden tiefe seelische Prozesse ausgelöst, in denen die Seele mit der existenzbedingenden Liebe zur geschaffenen, verkörperten Welt sowie zum göttlichen Schöpfer konfrontiert wird. Die Engel helfen uns, dass wir uns nicht getrennt fühlen von der Schöpfung und dass wir verantwortungsbewusster uns selbst leben und uns selbst in allem wiederfinden, Gott in uns und im Nächsten erkennen und ehren. Liebe und Treue, Gefühlsstärke und Willenskraft vereinen sich in uns und entfalten vitale, lebendige Schönheit und Liebe in unserer Gefühlswelt.

STERNRUBIN

Die »*Engel der Schönheit*« können sich in ihrem Stein auch zu einem sechsstrahligen Stern manifestieren. Durch feinste, hellschimmernde Rutilnadeln, die in drei Richtungen eingelagert sind, erscheint ein sechsstrahliger Stern, der besonders mit der Bewegung des Steines sichtbar wird und dann zu funkeln und zu leuchten beginnt. Allerdings wird der Stern nicht beim Facettenschliff sichtbar sondern beim mugeligen Cabochonschliff. Mit vereinigten Kräften wirken die Engel hinein in die Entfaltung unserer höheren Liebe und Schönheit. Sie führen alle Kräfte zusammen für ein zentrales Anliegen in unserem Leben.

Tragen wir den Rubin am **Hals,** können die Engel uns darin stärken, überzeugend zu sprechen, verleihen sie unserem sprachlichen Ausdruck Gefühl und Esprit, geistige Brillanz. Der Rubin am **Herzen** ermöglicht den Engeln, unser Herz erglühen zu lassen und eine partnerschaftliche Beziehung mit Herz und Verstand einzugehen. Rubine in einem **Armband** helfen uns, integer in unserem Alltag zu sein und das zu vertreten was wir mit aller Kraft und Überzeugung tun. Mit einem Rubin-**Ring** bewahren uns seine Engel vor dem Eingehen einseitig sexuell oder auch materiell orientierter Beziehungen und lassen uns immer wieder nach der Erfüllung unserer seelischen und körperlichen Bedürfnisse in einer Partnerschaft streben.

Engel des Lichtes

Engel des Lichtes

CITRIN

In strahlendem Sonnenlichtgelb kommen die *»Engel des Lichtes«* zu uns, funkelnd wie kleine Sonnen. Wir wenden uns hier den Engeln zu, die ihren Stein eigentlich im violetten Licht entstehen ließen als Amethyst als *»Engel der Meditation und Intuition«*. Sie sind dann aber mit Ihrem Stein durch das transformierende Feuer gegangen, als ihr Stein erhitzt (gebrannt) wurde, was dazu führte, dass er gelb geworden ist, und die Engel haben diesen Wandel mit ihm vollzogen. Es gibt in der Natur entstandene Citrine, die jedoch seltener sind und meist nicht in Facetten geschliffen werden. Aber gerade mit dem Vorgang des Brennens ist etwas Besonderes und sehr heil-sames entstanden. Die Engel haben sich mit der transformierenden Kraft des Feuers in eine andere geistige Schwingungsebene gebracht, um uns die Erkenntnis, die sie auf der hohen Ebene des Violett gemacht haben, zugänglich zu machen, und uns zu lehren, wie wir das Licht des Lebens in unserem Alltag und in der Materie konkret anwenden können. Die *»Engel des Lichtes«* sind mit dem Erzengel Uriel verbunden, der das ‚Licht Gottes' als schöpferisches Licht in die Materie hineinlenkt und mit seiner Engelschar auf die Naturreiche einwirkt. Sie entfalten in unserem Leben Wachstum und Fülle, wachen über Wandlungsprozesse und Transformationen. Mit ihrem Licht helfen sie uns, das was wir intuitiv wahrgenommen haben, mit Selbstbewusstsein, Mut und Freude in die Tat umzusetzen und sie können uns vom Pessimisten zum Optimisten umstimmen.

Citrin – Ovale Form

Die Engel in ihrem vibrierenden lichten Gelb helfen uns, die aufgenommene Nahrung bei der Verdauungsarbeit zu ‚verbrennen' und wirken in die transformierende tägliche Arbeit unserer Verdauungsorgane hinein. So wie die Sonne die Natur belebt und die Wandlung (Transformation) der Elemente von einem Zustand in den anderen ermöglicht – beispielsweise mit dem Schmelzen von Schnee, dem Verdunsten von Wasser, der

Wandlung des Stickstoffs durch die Bäume in Sauerstoff – stärken sie Magen, Darm und Bauchspeicheldrüse, Leber und Galle. Die Engel helfen uns mit ihrem Energiefluss, den sie durch unsere Verdauungsorgane strömen und mit dem sie unsere aufgenommene Nahrung mit Licht durchfluten. Sie machen damit die Nahrung besser verdaulich und bereiten sie auf die vielfältigen Umwandlungsprozesse besser vor. Sie stärken aber auch die Milz und unsere Abwehrkräfte.

Citrin – Rechteckige Form

Die *»Engel des Lichtes«* ermutigen uns in der Umsetzung unserer Pläne und helfen uns, Hindernisse mit Selbstbewusstsein zu nehmen und uns Herausforderungen zu stellen. Mit ihnen können wir Ideen, Träume und Eingebungen verwirklichen, einer inneren Berufung folgen und unser Leben selbstverantwortlicher in die Hand nehmen. Sie stehen uns bei, wenn wir den inneren ‚Ruf' hören, aber zweifeln und meinen nicht die Kraft zu haben, ihn im Leben umzusetzen.

Citrin – Runde Form

Die Engel sind erfüllt von der Kraft, uns unsere Intuitionen, Ideen, Vorstellungen realisierbar erscheinen zu lassen und helfen uns, unserer inneren, lichtvollen, all(es)wissenden Führung und Weisheit anzuvertrauen. Sie zentrieren unsere Gedankenkräfte auf das Wesentliche, führen uns an die Essenz, das Beste, was wir aus allem entnehmen können, und zeigen uns die Richtung, die zu einer erfolgreichen Realisierung des Vorhabens führt. Die *»Engel des Lichtes«* begleiten uns auch im Durchleben des Kreislaufs des Lebens, veranschaulichen das Wiederkehrende und helfen uns, Angst und Schrecken vor der großen Verwandlung, auch vor dem Tod, zu transformieren und wenden uns dem wärmenden göttlichen Licht zu.

Citrin – Tropfenform

Die Engel im strahlendgelben Sonnenlicht lassen Tropfen der Zuversicht und der Freude in unsere Gefühlswelt und die Potentiale unserer Seele fallen. Die Lichttropfen können vom Meer unserer ungeweinten Tränen aufgenommen werden, die wir unterdrückt haben, als wir uns unverstanden, gedemütigt, abgelehnt, zurückgewiesen fühlten. Die Engel stärken unser Selbstwertgefühl, eine gelöstere Einstellung und Haltung und erzeugen eine gewisse Heiterkeit, mit der sie unser Gemüt aufhellen. Sie schmelzen mit ihrem warmen Kraftstrom frustrierte Gefühle dahin, so dass wir die daran gebundene Energie zur freien Verfügung haben. Wir fühlen uns beweglicher, elastischer sind eher bereit, uns aus Trotzhaltungen zu lösen. Die *»Engel des Lichtes«* wirken aber auch wohltuend in die Gefühlswelt unserer Verdauungsorgane hinein und helfen uns, Eindrücke zu ‚verdauen' und was uns ‚im Magen liegt', vergiftende Gefühle und Gedanken zu wandeln, Lösungen bei gestauter Wut, Ärger und Hilflosigkeit zu finden, Ängste mit Lebensmut und -freude zu überwinden.

Tragen wir den Citrin am **Hals** oder auf der Brust, wirken seine Engel lösend und heilsam bei Erkrankungen der Atemwege, gereizten Schleimhäuten, Heiserkeit, Bronchitis. Sie stärken aber auch die Stimme mit Selbstbewusstsein und Freude und ermutigen uns, das auszudrücken, was wir sagen möchten. Am **Herzen** getragen, hilft uns der Citrin ganz besonders Kummer hinwegzuschmelzen und uns den heiteren Seiten des Lebens zuzuwenden. Es wird uns leichter ums Herz. Mit einem **Armband** wirken die *»Engel des Lichtes«* in unseren Alltag mit ihrer erhellenden Kraft hinein und lassen uns eine ‚gute Hand' haben für wichtige Entscheidungen. Als **Ring** gefasst ist der Citrin ein treuer Begleiter durch Not. Und die Engel helfen uns, auf Liebesentzug nicht mit Kälte und Panzerung zu reagieren, indem sie uns lehren, uns aus übertriebener Abhängigkeit von der Zuwendung und Anerkennung anderer zu lösen.

Engel der Reifung

Engel der Reifung

GELBER EDELTOPAS

Die *»Engel der Reifung«* hüllen uns ein in ihr warm flimmerndes Sonnenlicht – so wie die Sonne im Sommer ihr goldgelbes, sattes Licht zu uns schickt. Sie sind besonders hilfreich zur Überwindung von Apathie und Depression und geben uns ein beständiges, aktiv wirksames Lebensgefühl, das uns selbst immer wieder aus trostlosen Zuständen herausholt und uns der Lebensfreude zuwendet. Sie stehen uns bei, die nötige Ausdauer zu entwickeln, die wir in Reifungsprozessen immer wieder brauchen, um ‚Talsohlen' zu durchschreiten und ‚Berge' zu bewältigen, um im Auf und Ab des Lebens den Sinn zu erkennen und mit befreiter Kraft die Herausforderungen aufzunehmen. Im satten Gelb dieser Engel gelingt es uns, das Gute in diesen Abläufen zu sehen, das Beste daraus zu machen und Begonnenes gut zu beenden.

Edeltopas – Ovale Form

Die Engel durchfluten mit ihrem goldgelben Licht unsere Körperaura und helfen uns ganz besonders bei Magenverkrampfungen und allen anderen Verkrampfungen im Körper. Wie ein goldener Strom fließt das Licht der vielen Engel durch unseren Körper und wirkt wie ein wohltuend warmes Ölbad, das Verkrampfungen lockert aber auch alle brüchigen, unelastischen Stellen von innen her ‚ölt' und einschmiert, so dass wir insgesamt beweglicher werden mit unserem Körper. Ein Reifungsvorgang, der sich mit der Zeit nicht nur auf unseren Körper beschränkt, sondern unser Lebensgefühl überhaupt verändert. Wenn aus unserem Körper Erstarrungen verschwinden, hinweggeschmolzen werden, entscheiden und handeln wir auch nicht mehr so starr.

Edeltopas – Rechteckige Form

Hier kommen Engeln, die einen Reifungsprozess in unserem irdischen Umfeld unterstützen. Sie helfen uns, etwas bereits vorhandenes wertschätzend aber ohne Abhängigkeit zu bewahren und darauf aufzubauen. Das kann sich auf die berufliche Entwicklung beziehen, auf familiäre Erweiterung, auf die Vergrößerung des Heimes bzw. Betriebes. Die Engel lenken unsere Aufmerksamkeit ins Licht unserer bisherigen Erfahrungen und nutzen diese als Fundament an Erkenntnis, um einen größeren ‚Schritt' zu tun, der eine Erweiterung des Bisherigen bringt.

Edeltopas – Runde Form

Die *»Engel der Reifung«* bringen Friedfertigkeit und Toleranz in unsere Gedanken. Sie helfen uns, von aufbrausenden, cholerischen Tendenzen loszukommen und fördern das logische Denken. Eine innere Reife, die besonders aus unserer Lebenseinstellung entsteht und die daraus resultierenden Gedanken, die uns beschäftigen, Ideen, die auftauchen, sorgen für Transparenz und umsichtiges Handeln aus der inneren Mitte heraus.

Edeltopas – Tropfenform

Die Engel wirken mit dem Tropfen in der Seele in erstarrte Gefühle hinein, durchfluten mit ihrer Wärme erkaltete Gefühlswelten und bringen ein sonniges Gemüt zum Erwachen, so dass wir von neuem Lebensgefühl ‚beseelt' sind. Sie lindern Erschöpfungszustände und helfen uns, Selbstbewusstsein und Würde zu entfalten, die eigenen Wünsche zu vertreten und unser Leben selbst in die Hand zu nehmen. Die *»Engel der Reifung«* lassen unsere ‚Gaben' heranreifen und lassen das Gefühl in uns wachsen, dass es sich lohnt zu leben, dass wir etwas ‚wert' sind.

Sie helfen uns, die für unsere Selbstverwirklichung notwendige Kraft, die Fülle unseres Wesens besser kennen zu lernen und tatkräftig einzusetzen.

Tragen wir den gelben Edeltopas am **Hals**, wirken die Engel zudem emotional befreiend auf unsere Stimme, stärken eine gewisse Heiterkeit in unserer Kommunikation und ermöglichen ein ‚Lächeln' über uns selber. Damit wächst in uns auch der Mut zum Ausdruck zu bringen, was uns stört, belastet, einengt, verärgert – ohne den anderen zu verletzen.

Am **Herzen** gibt uns der Stein mit seinen Engeln ganz besonders ein ‚sonniges Herz', ein heiteres Gemüt, das aus aller Traurigkeit und Trübsal herausfindet. Herzlichkeit strömt aus unserem Wesen.

Mit einem gelben Edeltopas im **Armband** helfen die Engel, unser Leben selbst in die Hand nehmen. Als **Ring** getragen befreien sie uns besonders aus dem Gefühl der Einsamkeit im Sinne des sich Alleingelassenfühlens.

Engel der Herzensweisheit

Engel der Herzensweisheit

PERIDOT, OLIVIN, CHRYSOLITH

Die »*Engel der Herzensweisheit*« erfüllen unser Herz mit wohltuender Wärme und Sonnenlichtkraft. Sie berühren die Freude und Weisheit unseres Herzens und etwas Heiliges, Anmutiges, Liebliches. Im Mittelalter war ihr Stein, der Peridot, früher mehr bekannt als Chrysolith, später auch wegen seiner oft olivgrünen Farbe als Olivin, ein beliebter Wand- und Altarschmuck in Kirchen. Die Engel beleben in uns eine Heiterkeit, die in aller Einfachheit eintritt, wenn wir um die Gesetze, Kreisläufe und Zusammenhänge des Lebens wissen. Sie lösen uns aus Hochmut, Selbstwichtigkeit und Selbstmitleid, helfen uns, weise und liebevoll wissend über den Dingen zu stehen, ohne überheblich zu sein.

Peridot, Olivin, Chrysolith – Ovale Form

Die Engel stärken und vitalisieren unser Herz mit all ihrer Liebe und Lebensfreude. Sie durchströmen mit ihrem warmem Grün, das kein kühles sondern ein sonnenlichtdurchflutetes Grün ist, die Gefäße und bauen Ablagerungen ab, die zu Verhärtungen und Versteifungen führen. Die »*Engel der Herzensweisheit*« leiten uns zu einem weisen, liebevollen Umgang mit unserem Körper an – ohne seine Grenzen ständig zu missachten. Sie sensibilisieren uns dafür, dass unser Körper etwas Heiliges ist, in dem unser Schöpfer lebt und hier auf Erden sich ausdrückt.

Peridot, Olivin, Chrysolith – Rechteckige Form

Die Engel helfen uns, unsere materiellen Wünsche, unsere Motive, unsere Bedürfnisse und Erwartungen an das Leben zu überprüfen. Sind diese geprägt von der Weisheit und Güte unseres Herzens und von dem was unser Herz erfreut, können »*Engel der Herzensweisheit*« mit ihren manifestierenden Kräften für die Realisierung dessen sorgen, was wir uns von Herzen wünschen.

Peridot, Olivin, Chrysolith – Runde Form

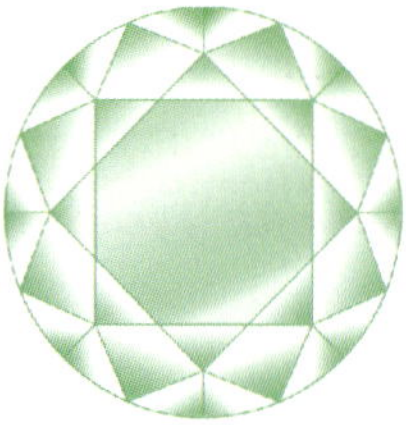

Die Engel kommen mit göttlicher Weisheit zu uns und wirken damit in unsere Denkweise hinein. Sie lehren uns, Gedankenkräfte mit starken Gefühlspotentialen der Seele zu vereinen und eine Ausgewogenheit von Geben und Nehmen zu entwickeln. Wir dürfen Sinnzusammenhänge erkennen und dass alles aus Gottes bedingungsloser Liebe geschieht, die nichts ausschließt und verurteilt und uns stets begleitet – wissend um den Weg zum Ziel. Die Engel führen den einseitig trennenden, polarisierenden, verurteilenden Verstand mit der Weisheit des Herzens zusammen und richten unsere Gedankenmuster auf ein einheitliches, gemeinsames, liebendes Weltempfinden aus.

Peridot, Olivin, Chrysolith – Tropfenform

Mit ihrer vitalen, erneuernden, heilenden Kraft wirken die *»Engel der Herzensweisheit«* in unsere Gefühlswelt hinein und ziehen wie ein Magnet belastende, schwermütige, unsere Lebensfreude verhindernde Gefühle an und bringen sie in unsere Herzensmitte. Hier lassen sie uns diese Gefühle in neuem Licht sehen, in größeren Zusammenhängen, herausgelöst aus Tragik und Voreingenommenheit. Wir können mit ihrer Hilfe neu entscheiden, ob wir diese Gefühle weiterhin so brauchen oder ob wir Frieden schließen mit uns selbst, uns verstehen und vergeben. Die Engel bemühen sich, uns vor dem Zurückfallen in Dunkelheit, Schwermut und mangelnde Liebe zu bewahren und bestärken uns, den Weg des Herzens zu gehen mit Freude, Herzenswärme und Güte.

Am **Hals** getragen, vermitteln die Engel zwischen Herz und Verstand. Sie helfen uns, mit warmherziger Stimme zu reden und sie lassen uns Worte finden, die Weisheit des Herzens stärker zum Ausdruck zu bringen.

Ganz besonders wirkt der Peridot, wenn er am **Herzen** getragen wird. Die Engel verströmen wohltuenden Frieden, den sie aus der Quelle allumfassender Liebe und Weisheit schöpfen, erfüllen damit unser ganzes Wesen, lassen uns vieles in neuen Zusammenhängen erkennen und auf die Weisheit des Herzens hören.

Als **Armband** wirkt Herzensweisheit in unser Handeln, in unser alltägliches Tun hinein, verhilft zu mehr Ausdauer, vitaler Freude, positiver Lebenseinstellung.

Sind wir über einen **Ring** mit dem Peridot verbunden, ist es den Engeln möglich, immer wieder die Liebe und Freude in unserem Herzen siegen zu lassen, auch wenn wir mit dem Verstand Recht haben und auf Verletztsein beharren wollen.

Engel der All-Liebe

Engel der All-Liebe

SMARAGD

Die *»Engel der All-Liebe«* kommen zu uns mit dem smaragdgrünen Licht, das charakteristisch ist für ihren Stein, auch wenn das Smaragdgrün variiert vom helleren bis zum satten tiefen grün. Mit ihren wunderschönen lichtvoll funkelnden smaragdgrünen Schwingungen berühren sie uns mit der Allmacht der Liebe, die alles erlöst und heilt, erfüllt wonach wir uns wahrhaft sehnen. Mit dem grünen Licht – und in besonderer Weise mit dem Smaragdgrün, der höchsten Schwingung im grünen Licht – ist Erzengel Raphael verbunden mit seiner Engelschar. Sein Name bedeutet ‚Gott heilt' und er wirkt mit dem grünen Heilstrahl, der regenerierenden Kraft und Liebe, die tröstet, versteht, heilt. Die *»Engel der All-Liebe«* sind ihm ganz nah und wirken oft mit ihm zusammen. Sie stärken mit ihrem kräftig strahlenden, einzigartigen grünen Licht die Selbstheilungskräfte auf allen Ebenen und bewirken eine natürliche Sensibilität für das Zusammenleben und -wirken hier auf Erden. Sie entfalten in uns das Bewusstsein der liebevollen Verbundenheit und Verantwortung für einander und für die ganze Schöpfung. Die Engel sorgen dafür, dass wir bewusster erleben, dass alles, was wir tun, fühlen, denken oder auch unterlassen seine Auswirkung auf die gesamte Schöpfung hat und nicht auf unser eigenes bzw. das menschliche Wesen überhaupt beschränkt bleibt. Sie lehren uns die All-Macht der All-Liebe und wie wir damit der Schöpfung und dem Schöpfer dienen.

Smaragd – Ovale Form

Die *»Engel der All-Liebe«* erfrischen unseren Körper, erneuern gesunde Zellen, stärken unser Herz, lassen uns die Schönheit und Kraft der Natur besonders empfinden und schätzen, sie verleihen uns ein Lebensgefühl voller Intensität. Das wunderbare Grün dieser Engel wirkt sehr harmonisierend und belebend auf all unsere Organe und körperlichen Vorgänge. Sie lassen uns genauer hinschauen und die Kraft und Schönheit in allem entdecken. Dies hat eine heilsame Wirkung auf unser Sehvermögen, da unsere Augen sich wohltuenden Anreizen stärker öffnen, genauer hinschauen anstatt gleichgültig über etwas hinwegzusehen. Hier wirkt Erzengel Raphael besonders heilend auf der körperlichen Ebene.

Smaragd – Rechteckige Form

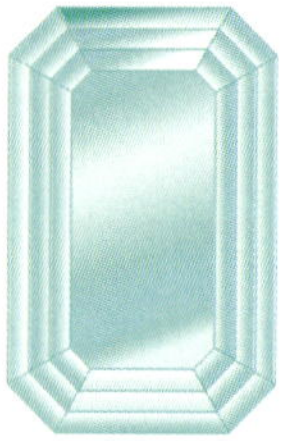

Die Engel umgeben mit ihrem herrlichen Smaragdgrün und ihrer liebevollen Ausstrahlung alles was wir besitzen. Sie stärken unsere Liebe zur Familie, zum Beruf, zum Heim, lösen uns aber behutsam aus unseren Abhängigkeiten davon. Die *»Engel der All-Liebe«* helfen uns, die Fülle zu leben und aus dem universellen Kraftstrom der allumfassenden Liebe zu schöpfen für den es keine Grenzen gibt, wenn es im Sinne der Schöpfung ist. Indem uns die Engel diese Zusammenhänge bewusst werden lassen, können sie uns vor unsinniger Anhäufung materieller Werte und vor Eigennützigkeit bewahren. Die Kräfte des Erzengel Raphael heilen unsere Gier nach mehr Besitz.

Smaragd – Runde Form

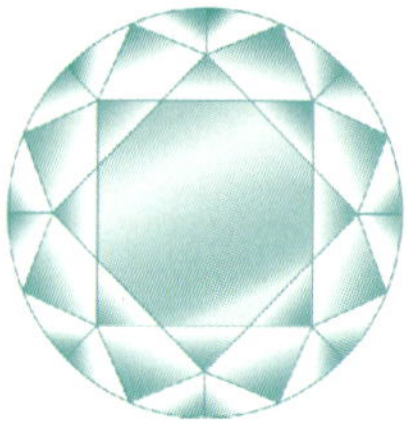

»Engel der All-Liebe« verbinden sich mit unserem Geistkörper und wirken mit all ihrer bewusst machenden und erneuernden Kraft hinein in unser Ichbezogenes Denken. Sie durchfluten all unsere Denkstrukturen mit dem leuchtend-klaren Smaragdgrün und bringen die Liebe in unsere Gedanken sowie eine ganzheitliche Orientierung und allumfassende, liebende Verantwortung für das Zusammenleben und -wirken auf Erden.

Smaragd – Tropfenform

Mit smaragdgrünen Tropfen berühren und offenbaren uns die Engel die Schönheit der Seele. Sie erfüllen unseren Seelenkörper mit der ganzen Gefühlswelt, mit der Fähigkeit, Liebe für alle Facetten des Daseins zu empfinden und weisen uns auf Vielschichtigkeit und den Reichtum der Seele hin. Sie öffnen Tore in unserer Seele und zeigen uns im Schutz der All-Liebe alle verletzten Gefühle, alle unterdrückten Gefühle, jede Enge, jedes Übertriebene, das Unbewusste, das noch im Dunkeln liegt. Die Engel gewähren uns Einblick in die Bereiche, die noch mit Liebe ‚erlöst' und geheilt werden und in Schönheit erblühen wollen. Hierbei verbinden sie sich mit Erzengel Raphael und seiner heilenden göttlichen All-Liebe. Alles, was uns heute noch belastet und stört und eigentlich unsere Ablehnung und Verdrängung erfährt, will auf sich aufmerksam machen und uns zeigen, was sich ‚dahinter' befindet. Die *»Engel der All-Liebe«* helfen uns, mit unserer menschlichen Unzulänglichkeit in Verbindung zu kommen, Widerstände dagegen zu überwinden und die Bereitschaft zu entwickeln, sie als Herausforderung der Seele anzuerkennen. Damit können sich belastende Kräfte wandeln in neue Potentiale, die der Schöpfung im göttlichen Sinne dienen.

Tragen wir den Smaragd am **Hals,** schützen uns seine Engel vor der Entfaltung von zuviel ‚Ego' und lenken unser Sehnen und Streben auf das Wachsen in göttlicher Demut, Schönheit und Liebe.
Am **Herzen** getragen, dem Ort der Liebe, festigen die Engel des Smaragd das Band der Liebe zwischen zwei Menschen, schenken uns eine innere Klarheit in der Gefühlswelt und stärken die Herztätigkeit.
Im **Armband** sorgt der Smaragd für liebevolles Tun im Alltagsgeschehen, hilft uns, jegliche Arbeit in ihrem Wert zu schätzen und anzuerkennen.
Als **Ring** gibt der Smaragd einer Verbindung im Bewusstsein der All-Liebe Ausdruck und seine Engel fördern die Annäherung an hohe Ideale in Liebe und Freundschaft.

Engel der erlösenden Vereinigung

Engel der erlösenden Vereinigung

KUNZIT

Die Engel kommen in wunderschönen rosa-hellvioletten Farbtönen zu uns und vereinigen die bedingungslose Herzensliebe, das Mitgefühl, die Hingabefähigkeit mit der göttlichen Intuition, Inspiration, Wahrnehmungsfähigkeit. Im faserigen, längsgerichteten Wachstum ihres Steines haben sie das Kanalisieren feinstofflicher Impulse und Kräfte festgelegt. In der Antike war bereits die große Hitzebeständigkeit des Steines bekannt und die Griechen glaubten, dass er den Himmel mit der Erde verbindet, Blitze ableitet und feindliche Mächte abwehrt.

Die *»Engel der erlösenden Vereinigung«* helfen uns, göttliche Kraftpotentiale, Botschaften und Weisungen direkt in die Liebe des Herzens zu lenken und zu transformieren. Sie lassen uns die göttliche Führung aus dem Leidvollen, Schmerzlichen heraus in die Liebe, Heilung und Erlösung hinein erleben und die große Kraft, die frei wird, wenn wir den Eigenwillen dem göttlichen Willen unterstellen und voller Liebe dienen – frei von Vorurteilen und Verurteilungen. Indem wir Kräfte nicht mehr damit verschwenden, für oder gegen etwas oder jemanden zu sein, erfahren wir mit der Hingabe unserer eigenen Vorstellungen Einweihung und Einsicht in die großartigen kosmischen Zusammenhänge, die voller Weisheit und Liebe im gesamten Universum wirken. Eigene durch Egoismus entstandene und geprägte Leiden lösen sich mit der bedingungslosen Hinwendung zum göttlichen All-Bewusstsein in dem uns alles bewusst ist, ohne dass wir darüber richten und urteilen.

Kunzit – Ovale Form

Mit ihrem sanftschimmernden Rosa-hellviolett durchfluten die Engel unseren Körper mit bewusstmachender Liebe, um Schmerzen und Leiden zu (er-)lösen. Sie wirken mit göttlicher Gnade und vergegenwärtigen uns den Sinn unserer körperlichen Schwäche mit der sie helfen, eine andere Einstellung zur Krankheit zu finden. Mit liebevollem Verständnis und erkennender, aber nicht urteilender Einsicht sind wir in der Lage wahrzunehmen, wofür uns eine Erkrankung dient, welche Chance darin verborgen ist, welchen Nutzen wir daraus ziehen. Liebevoll umgeben und durchströmen uns die Engel mit ihren sanften und doch starken Schwingungen bei den ehrlichen Fragen, die sie in uns auftauchen lassen: ‚Was will ich über diesen Weg erreichen?' – z. B. um mehr Aufmerksamkeit, Zuwendung, Beachtung zu bekommen, um mich in der Schwäche kennen zu lernen, um mich für etwas zu bestrafen, um einen Ausgleich von unbewussten oder bewussten Schuldgefühlen zu ermöglichen. Mit den Strömen der erkennenden Liebe und der Geborgenheit im vollkommenen Angenommensein leiten die Engel die Versöhnung mit uns selbst ein und mit unserem Schöpfer – damit kommt Erlösung.

Kunzit – Rechteckige Form

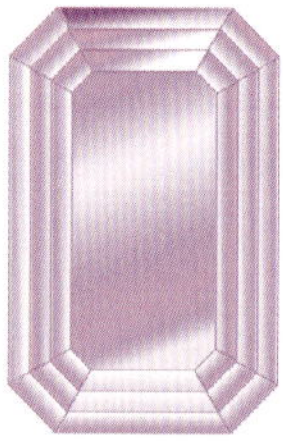

Unser Streben nach Selbstverwirklichung wird von den Engeln verbunden mit ‚höheren' geistigen Zielen. Sie lenken Momente der inneren Glückseligkeit, Ekstase, mystischen Vereinigung in unser Leben und beleben Kraft und Ausdauer, uns über die irdische Ebene mit ihren Abhängigkeiten zu erheben. Das heißt nicht, dass uns die irdische, materielle Welt egal ist, nichts bedeutet oder dass wir sie gar ablehnen. Vielmehr erleben wir über die inneren Eindrücke, dass es noch etwas anderes als die grobstoffliche materielle Welt gibt, und dass wir lernen können, Potentiale in uns zu stärken, um eine bewusste Verbindung mit der feinstofflichen, geistigen Welt herzustellen und aufrechtzuerhalten. Geistige Kräfte voller Licht und Liebe wirken in uns und durch uns, wenn wir sie zulassen, uns vorbereiten und darauf einstimmen. So kann göttlich liebendes Bewusstsein in uns selber wirken, aber auch durch uns in der Umgebung ausstrahlen. Wenn wir gelernt haben, uns als Kanal für die göttliche, geistige Kraft zur Verfügung zu stellen und in unserer Hingabefähigkeit reifen, wachsen wir im Geben und Nehmen bedingungsloser Liebe. Dies erlöst uns aus innerer Armut, Angst und existenziellen Nöten.

Kunzit – Runde Form

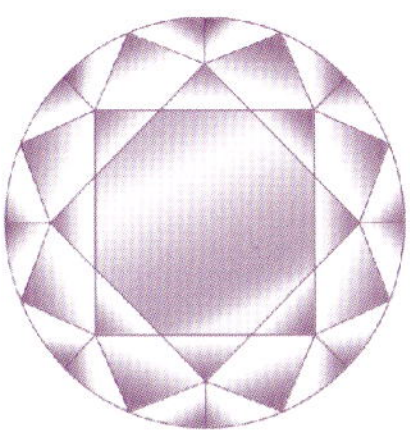

»Engel der erlösenden Vereinigung« lösen uns aus Extremen und aus Einseitigkeiten in die wir gekommen sind, indem wir nur mit dem ‚Kopf' oder nur mit dem ‚Herz' etwas angestrebt haben. Kopfmenschen oder Herzensmenschen geben einer Seite ihres Wesens eine dominante Position, die unweigerlich im Sinne der kosmischen Gesetze den Ausgleich durch das Gegenteil erfordert. Die Engel führen Qualitäten von Verstand und Gefühl zusammen, verbinden die Intuition mit der größten Emotion, der Liebe. Sie bahnen erlösende Entwicklungen an, die uns heraushelfen aus immer wiederkehrenden belastenden Erfahrungen von zuviel Härte und Willenskraft bzw. zuviel Weichheit, Nachgiebigkeit und (Selbst-)Mitleid.

Kunzit – Tropfenform

Göttliche Weisheit und Liebe verbinden sich in den wunderschönen hellviolett-rosa schimmernden Ausstrahlungen der Engel, die damit unsere Seelenkräfte berühren, sie aus läuternden Prozessen befreien und unsere seelisch-geistige Weiterentwicklung fördern. Hin- und Hergerissensein, kraftraubende Unentschlossenheit, entmutigendes Zögern, stark einschränkende Hemmungen weichen in der harmonischen Entfaltung von Selbst-Behauptung und Selbst-Hingabe.

Kunzit am **Hals** getragen gibt zudem den Engeln die Möglichkeit, unserem sprachlichen Ausdrucksvermögen liebevolle und inspirierende Impulse zu geben, in der Kommunikation Herz und Verstand zu Wort kommen zu lassen, Missverständnisse aufzuklären, Verspannungen zu lösen, regulierend auf die Schilddrüse zu wirken.

Tragen wir den Kunzit am **Herz**, berühren die Engel in besonderer Weise den feinstofflichen Bereich unseres Herzzentrums, das speziell auf die Farbe Rosa reagiert. Das Hell-Violett, das über den Kunzit mit in das Rosa hineinfließt, lässt unser spirituelles Herz höher schlagen. Die Engel lenken die Energien zum siebten Energiezentrum, dem Kopfzentrum, bedingungslose Liebe steigt mit ihnen auf in unsere höchsten feinstofflichen Antennen und Wahrnehmungskanäle. Dies ermöglicht den Engeln, bewusster mit uns zu sein, göttliche Botschaften und Hilfen immer wieder in unser Leben zu bringen.

Ein **Armband** mit Kunzit ist hilfreich bei Gelenkschmerzen und die Engel können Intuition und Liebe in unsere Handlungsweise lenken. Als **Ring** fördert der Kunzit Toleranz und die Engel ermöglichen uns die Erfahrung höchster Liebe.

Engel des Balsams für die Seele

AQUAMARIN

In strahlendem Blau, das vom ganz zarten lichtdurchfluteten Blau bis zum intensiv leuchtenden Hellblau reicht und uns an die unendliche Weite des Himmels sowie die geheimnisvolle Tiefe des Meeres erinnert, kommen die Engel in unser Leben. Es ist die Farbe geistiger Erkenntnis. Ihr Stein ist klar wie das Meerwasser und ein Symbol für Unschuld und Reinheit, steht für Marias unbefleckte Empfängnis und für ihren großen mütterlichen Schutz, ist verbunden mit den Kräften des Erzengel Michael und seinem Lichtschwert. Die Aquamarin-Engel sind *»Engel des Balsams für die Seele«*, bringen Trost und Zuversicht und heilen mit liebevoller Zuwendung und Achtsamkeit Wunden unserer Seele.

Sie stehen in direkter Verbindung mit Erzengel Michael, der mit seiner Engelschar die Seele im Übergang vom irdischen Leben in den irdischen Tod begleitet und empor trägt in Gottes Herrlichkeit. Schon während unseres Erdenlebens führt uns Erzengel Michael in die Erfahrung und Erkenntnis, dass Gottes Geist in allem lebt und wirkt und uns bewusst begegnen möchte. Aber er führt uns auch in der Auseinandersetzung mit der Bedeutung seines Namens ‚Wer ist wie Gott?' und der Versuchung, als Mensch wie Gott sein zu wollen mit der Folge, rechthaberisch, ehrgeizig, perfekt, absolut, eigene Grenzen übergehend, blind für eigene Bedürfnisse und Ursache für viel menschliches Leiden zu sein. Wir können Erzengel Michael zu Hilfe rufen, wenn wir erkennen, dass wir Grenzen in uns erreicht oder auch schon überschritten haben und bereit sind, anzuerkennen, dass wir höhere Hilfe zur Lösung, zur Wende, zur Heilung brauchen. Er hilft uns auch, wenn wir in der Fremde sind, wenn uns etwas fremd ist in der Begegnung mit anderen oder aus den eigenen Tiefen der Seele, wenn wir uns unverstanden fühlen, nicht geachtet. Mit seinem Lichtschwert bringt er Achtsamkeit im Umgang mit uns selbst und anderen und Orientierung zu Gott hin.

Engel des Balsams für die Seele

Die »*Engel des Balsams für die Seele*« führen uns aber auch in besonderer Weise zur Muttergottes, der Königin der Engel, der großen Mutter, die auch unser aller Mutter ist sowie Mutter allen Unerlösten und Mutter aller Gnaden. Ihr sind die Heilkräfte der sichtbaren und unsichtbaren Schöpfung geweiht und ihr beschützender Mantel unter dem wir Zuflucht nehmen können, ist im strahlenden himmlischen Blau. Gerade wenn wir in (seelischer) Not sind, berühren Engel Schwingungen unserer Seele, die sich ihrer fürsorglichen Liebe und Fürbitte öffnen und anvertrauen können.

Aquamarin – Ovale Form

Die Engel durchströmen die Energien unseres Körpers mit ihrem heilsamen göttlichen Blau und zusammen mit den Schwingungen der Muttergottes geben sie unseren Körperzellen und Organen all die liebevolle Aufmerksamkeit, Geborgenheit und Achtsamkeit, nach der sie sich sehnen. Schmerzen mit denen unser Körper auf sich aufmerksam machen möchte, weil er Hilfe braucht, fühlen sich berührt, angenommen und beachtet. Oftmals waren wir selbst zu uns unachtsam, hart, unnachgiebig und haben feine Hinweise übergangen, nicht beachtet, unterdrückt. Wir erhalten Entlastung und Schulung, Vorgänge und Signale unseres Körpers zu achten und Veränderungen rechtzeitig einzuleiten.

Aquamarin – Rechteckige Form

Die Engel bestärken uns darin, achtsam mit inneren Hinweisen zu materiellen Angelegenheiten umzugehen. Sie helfen uns, frei zu werden von (er-)zwingenden Strukturen in uns mit denen wir uns zuviel Druck machen (lassen). Mit ihrem Wirken können wir zunehmend erleben, wie unser Tun getragen ist von dem inneren Wissen um das Verbundensein mit der Schöpfung und göttlichen Helfern, die uns in Höhen und Tiefen nahe sind.

Aquamarin – Runde Form

Die *»Engel des Balsams für die Seele«* wirken mit ihrem lichten Blau, das Weite und Tiefe zugleich in sich birgt, befreiend und tröstlich in unsere Gedankenwelt hinein. Sie befreien unser Denken von überholten, einengenden, hemmenden, schmerzverursachenden Mustern, lassen uns tiefgründig forschen und inspirieren uns mit neuen Ideen und Vorstellungen, holen uns aus gedanklichen ‚Verstrickungen'. Dies hilft uns, dass wir uns nicht mehr über alles aufregen, uns ablehnend verhalten oder stets um etwas kämpfen oder streiten. Statt dessen setzen Ruhe und Gelassenheit – Seelenfrieden – ein. Kräfte, die vorher an Angstpotentiale gebunden waren, werden frei für ein wachsames nach Innen Hören. Das zunehmende ‚Hören' der göttlichen Stimme und das Sich-anvertrauen-können an ihre Weisungen und Botschaften führt uns zur achtsamen Wahrnehmung und Umsetzung der göttlichen Führung und Fügung – zu einem Leben in geistiger Erkenntnis.

Aquamarin – Tropfenform

Mit den lichtblauen Tropfen bringen Engel Harmonie in unser Gemüt. Zusammen mit den Engelscharen des Erzengel Michael vereinigen sich Ausdauer, Gelassenheit und Durchsetzungskraft in uns und verstärken das Wissen der Seele mit dem Lebensstrom zu fließen und Gott in allem zu erkennen. In der Form des himmlisch blauen Tropfens, den die Engel in unsere Seele fallen lassen, ist aber auch die beschützende Kraft der Muttergottes mit ihrem Mantel, unter dem wir Zuflucht nehmen können in Zeiten stürmischer Gefühle, die in den Tiefen der Seele brausen, an die Oberfläche kommen, uns Angst machen, erschüttern, in Abgründe stürzen können. Gerade dann alles durchflutende heilende Liebe, Angenommensein und Geborgenheit in sich zu erleben, ist Balsam für Seelenwunden, die aus dem ungestillten Verlangen kommen, geliebt zu werden um unserer selbst willen – ohne jegliche Forderung und Erwartung – auch von uns selbst.

Tragen wir den Aquamarin am **Hals**, wird zudem unsere Stimme wohltuend klangvoll, klar und achtsam. Die Engel sprechen durch uns heilsame und tröstende Worte, die Erkenntnis fördern, von unnötigem Druck befreien, Erleichterung bringen. Auf der körperlichen Ebene versorgen die Engel die Atmungsorgane, Schleimhäute, Bronchien, Lungen und Stimmbänder mit ‚Balsam', Asthma und Heuschnupfen reagieren günstig darauf. Verspannungen im Hals- und Nackenbereich sowie in den Schultern können sich lösen.

Am **Herzen** entfalten die Engel des Aquamarin Balsam für Seelenschmerz in unserem Herzen. Unsere Gefühlswelt erfährt innere Ruhe, Frieden, Ausgeglichenheit. Dadurch löst sich seelischer Kummer sowie auch manche Art von Verkrampfung und Schmerz des körperlichen Herzens, der oftmals aus einengenden, an feste Vorstellungen gebundenen Gefühlen resultiert.

Mit dem Aquamarin als **Armband** helfen uns die Engel, eine achtsam-liebevolle Handlungsweise zu entwickeln, die unsere Erkenntnis fördert und in unseren Alltag hineinwirkt.

Als **Ring** getragen, erfüllen uns die Aquamarin-Engel mit Ruhe, mit reinen, liebenden Absichten und Motiven, mit Achtsamkeit, Zuversicht und Unterscheidungskraft. Sie helfen uns, bewusster aus einer inneren Quelle der Kraft und Heilung zu schöpfen.

Engel-Meditation mit »Engeln des Balsams für die Seele« und dem Aquamarin-Tropfen

Die Engel der facettiert geschliffenen Edelsteine erreichen uns über das Halszentrum. Sie stimulieren zunächst bestimmte Energien unseres Herzzentrums, umgeben dazu unser Herz mit ihren leuchtenden Schwingungen, durchfluten es mit ihrer innigen Liebe zu uns und all ihrer Schönheit und Weisheit. Unser Herz, das Energiezentrum der Liebe, reagiert auf die strahlende, von Gott gesandte Liebe der Engel mit all unserer Fähigkeit zu lieben und die Engel erheben unsere lebendige, allumfassende Herzensliebe auf ein höheres Energieniveau mit dem sie eine mystische Vereinigung mit dem Göttlichen in uns anbahnen und vollziehen können.

Für die innere Einkehr und Meditation ist es hilfreich, zu sitzen – auf einem Stuhl, Hocker, Meditationskissen oder -bänkchen oder in einem Meditationssitz am Boden. In der aufrechten Haltung unseres Oberkörpers und der Wirbelsäule spüren wir deutlicher das Herannahen der Engel, ihr Eintreten in unsere Aura und wie sie uns liebevoll an den Schultern umfassen.

Den Edelstein oder Schmuck, der uns in der Meditation begleitet, durch den die Engel auf ganz einfache und natürliche Weise zu uns kommen können, legen wir in unsere Hände, die wir wie zu einer Schale zusammengelegt haben. Von hier aus können die Engel die lichtvollen und heil-samen Kräfte beleben, mit uns verbinden und in uns wirken lassen.

Aus den vielen Möglichkeiten, mit Engeln und Edelsteinen zu meditieren, hier eine **Meditation mit** ***»Engeln des Balsams für die Seele«*** **und dem facettiert geschliffenen Aquamarin in Tropfenform** oder mit einem Schmuckstück in dem dieser Stein gefasst ist.

Setze dich an einen stillen Ort, aufrecht und doch entspannt. Lege den Aquamarin in Tropfenform in deine Hände, und zwar so, dass seine Abrundung zur Handwurzel zeigt und seine Spitze zu den Fingerspitzen. Dies entspricht einem Energieverlauf und innerem Muster in dir und bewirkt, dass du an der Basis (irdisches, existentielles Dasein) unterstützt wirst mit empfangenden, sammelnden, bewahrenden, weit umfassenden und abgerundeten Energien. In einem Punkt an der Spitze (geistiges, spirituelles Dasein) konzentrieren sich die Kräfte, sodass deine Gedanken- und Willenskräfte zielgerichtet, sich durchsetzend und behauptend werden.

Nimm mit deinen Augen das wunderbar leuchtende und lichtvoll funkelnde Blau des Aquamarin-Tropfens in deinen Händen auf und kehre damit ein nach innen. Schließe die Augen und kehre ein in deine innere Welt, die nicht der zeitlich-räumlichen Begrenzung der dichten, grobstofflichen Materie der Erde und deines physischen Körpers unterliegt. Mit der Einkehr nach Innen begibst du dich in deine inneren Räume, Seelenbilder und geistigen Potentiale.

Stimme dich zunächst ein auf die höchste, reinste Lichtquelle des Lebens, der universellen Lebenskraft und göttlichen Allmacht und Liebe und bitte ganz bewusst darum, im Licht zu sein. Damit stellst Du einen bewussten Kontakt zu Gott, deinem Schöpfer her, womit sich dein *Bewusst-Sein* verändert und mit seiner Aufmerksamkeit ins Licht geht.

Sieh dich mit deinem geistigen Auge, mit deinen Vorstellungs- und Imaginationskräften durchströmt und eingehüllt in reinem, hellem Licht, in einem Licht-Ei, das ganz von einem goldenen Schein umgeben ist, dem göttlichen Schutz und Segen. Wende dich nun innerlich dem Stein in deinen Händen zu, spüre bewusst, wie er in deinen Händen liegt wie in einer schützenden, Geborgenheit gebenden Schale. Bitte nun die *»Engel des Balsams für die Seele«*, die mit deinem Aquamarin verbunden sind, um ihre Gegenwart und Hilfe. Du kannst dir vorstellen, wie sich aus dem blauen kosmischen Lichtstrahl eine Licht-Wolke löst und immer näher zu dir kommt. Im Näherkommen erkennst du einen großen Engel ganz in strahlendem lichten Blau, gefolgt von vielen kleineren Engeln. Die Engel umgeben dich mit ihren lichtvollen blauen Schwingungen und begrüßen voller Freude ihren Stein, den du in deinen Händen hältst und auch dich, denn du hast es ermöglicht, dass sie ihre Erfüllung erleben dürfen indem sie bewusst von einem Menschen auf Erden gerufen und um Unterstützung gebeten werden. Der große Engel ist nun hinter dir, berührt dich in inniger Liebe zu dir an deinen Schultern und hüllt dich ein in seine lichtblauen Schwingungen, legt seine leuchtenden Flügel an deine Arme entlang und verschmilzt mit deinen Händen, die zu Lichthänden werden, zu heilenden, segnenden Händen. Die Engel beleben die heil-samen Lichtschwingungen ihres Steines, wie nur sie dies tun können, der Aquamarin entfaltet sich in deinen Lichthänden zu einem größer werdenden Licht-Stein in seinem wunderschön leuchtenden Blau, und die Engel lenken nun diese Kräfte in deine Energiesysteme hinein, durchströmen dich damit und deine Energiekörper beginnen stark im hellblauen Licht zu leuchten und zu strahlen so dass du eins wirst mit dem Leuchten und Strahlen der Engel. Du bist ganz dieses sanft pulsierende leuchtende helle Blau. In diesem Augenblick öffnet sich ein Tor deiner Seele, die vielen Engel begeben sich hinein und beginnen ihr heil-sames Wirken.

Mit ihrem trostspendendem lichten Blau berühren sie all deine wunden Stellen, die aus unerfüllter Liebe, Verletztheit, sehnsüchtigen Wünschen usw. um Hilfe rufen. Sie verteilen voller Liebe viele, viele Tropfen Seelenbalsam und bringen dich mit deinen göttlichen Selbstheilungskräften in Verbindung, mit denen Harmonie und Frieden in deine innere Zerrissenheit, in deinen Seelenschmerz einkehren. Ein wohliges Gefühl durchströmt dich mehr und mehr, du bist frei von jeglichem Druck und Zwang und hast das Gefühl, auf den Wellen eines sonnenlichtdurchfluteten Meeres zu liegen, getragen von den Lichtkräften der Engel. Sie wiegen dich achtsam und liebevoll mit ihren leuchtenden Flügeln und Schwingungen in diesem hellblauen Lichtbad. Alles in dir und um dich herum ist harmonisch, friedlich, leicht und frei, gelöst und heiter.

Verweile in diesem wunderbar heilsamen Zustand, der Balsam für deine Seele ist, und spüre die unendliche Dankbarkeit und Liebe, die in deinem Herzen aufsteigt – für all die heilende Liebe in dir mit denen die Engel im Einklang mit dem Schöpfer und seinem Plan jeden Seelenschmerz zu lösen vermögen, wenn es sein darf und wenn wir nicht daran festhalten in unseren Erinnerungen. In dieser Liebe öffnet sich dein Herz in strahlendem goldenen Licht mit dem Gott dich heilt, segnet und schützt und sich mit dem himmlischen Blau der Engel in dir vereint. Ein Glücksgefühl taucht in dir auf, erfasst und erfüllt dich ganz.

Bedanke dich nach einer Weile und spüre dich noch einmal ganz bewusst in dieser Schwerelosigkeit und Weite, in dieser unendlichen Liebe und Heilkraft. Gehe nun mit deiner Aufmerksamkeit zu dem Stein in deinen Händen, den die Engel reinigen und von allem lösen, was er in dir mit seiner Ausstrahlung berührt hat. Lass dein liebendes, dankbares Herz zu ihm sprechen, sieh in nochmals mit den Augen deiner Seele als Licht-Stein in deinen lichtvollen Händen und stelle dir dann vor, wie er wieder seine irdische Größe annimmt. Die Engel lösen sich nun achtsam aus deinen Schwingungen, der große Engel berührt noch einmal liebevoll und stark deine Schultern bevor er sich von dir löst, dann steigen sie wieder auf in ihrer strahlenden Schönheit und Liebe in ihre Lichtwolke, die mit ihnen in den blauen kosmischen Strahl zurückkehrt.

Stelle dir vor, wie du immer noch in das goldene Licht-Ei eingehüllt bist, danke nochmals bewusst deinem Schöpfer, den Engeln und ihrem Aquamarin, atme ein paar Mal tief und bewusst ein und aus, bewege deinen Körper sanft und bereite dich auf deine Rückkehr in die irdische Welt, in das ‚Außen' vor und öffne dann wieder deine Augen.

Engel des Auswegs

Engel des Auswegs

TURMALIN

Die Engel kommen mit einem großen Farbenreichtum zu uns und haben ihre Steine, die Turmaline, in dieser Vielfalt von Farben entstehen lassen, oftmals auch in der Verbindung von zwei Farben. Ihr Spektrum reicht von schwarz über nahezu farblos über gelb, grün, rosa, rosarot, blau bis violett. Es sind die »Engel des Auswegs« die uns - je nach ihrer Farbe - Auswege in verschiedenen Ebenen und in verschiedene Richtungen finden lassen, die uns aus Begrenztheit, Stillstand, aus einer Sackgasse herausführen, einen Durchbruch ermöglichen, uns ein weiteres Vorankommen gewährleisten. Die Engel bemühen sich um unseren Fortschritt, indem sie uns Auswege aus Schwierigkeiten zeigen.

BLAUER TURMALIN (INDIGOLITH)

Die Engel kommen in wunderschön schimmerndem tiefem Blau über den blauen Turmalin, den Indigolith, zu uns, stärken und stabilisieren unsere Glaubenskraft, um damit Auswege und Lösungen zu finden. Dabei unterstützen sie uns, dass wir uns selbst und anderen mit Würde begegnen – auch in Gedanken und Gefühlen, die wir nicht nach außen hin zeigen. Sie machen uns die Kraft der Gedanken, Vorstellungen und Emotionen bewusst und deren Wirkung auf uns selbst und andere. Wir können mit ihnen einen respektvollen Umgang mit Menschen lernen – auch dann, wenn sie nicht in unserer Nähe sind und nicht hören, was wir über sie sprechen. Die *»Engel des Auswegs«*, die im blauen Licht zu uns kommen, helfen uns, andere – aber auch uns selbst – nicht zerstören zu wollen, belastende karmische Verbindungen zu lösen und nicht wieder neu entstehen zu lassen. Vielmehr lassen sie uns zunehmend bewusstwerdend lichtvolle Verbindungen aufbauen und erinnern uns immer wieder daran, uns zu bemühen, unsere Gedanken- und Gefühlswelt zu erziehen, ‚gute', aufbauende Gefühle und Gedanken für uns selbst und andere zu entwickeln. Wir können die Engel auch um Hilfe dafür bitten und um ihre Unterstützung, einen Vorsatz in dieser Ausrichtung, den wir gefasst haben, zu halten.

Blauer Turmalin – Ovale Form

Die Engel wirken mit ihrem dunkelblauen Licht in karmisch bedingte Erkrankungen unseres Körpers hinein. Diese können entstehen, wenn stark belastende Gedanken, Gefühle, Verhaltensweisen, Handlungen in früheren Inkarnationen zu Belastungen unseres Körpers geführt haben. Manchmal bringen wir eine Krankheit bereits mit der Geburt in unser Leben, sie kann aber auch in späteren Phasen unseres Lebens zum Ausbruch kommen. Häufig entstehen chronische Erkrankungen und Leiden daraus oder die operative Entfernung eines Organs wird notwendig. Die Engel zeigen uns einen Ausweg aus unseren körperlichen Beschwerden, indem sie uns zu unserer Glaubenskraft hinführen und unserem Bewusstsein Impulse geben, mit Vertrauen und liebevoll auf unsere schmerzenden Erinnerungen zu reagieren, die oftmals noch zusätzlich von aktuellen äußeren Bedingungen, vom Verhalten uns nahestehender Menschen verstärkt werden. Umgeben und durchströmt mit dem blauen Licht der Engel gelingt es uns eher, nicht in Hass, Neid, Vergeltung, … zu versinken sondern uns aus der Spirale belastender krankmachender Kräfte zu befreien und uns dem Licht der göttlichen Liebe und der daraus sich zeigenden Hilfe zuzuwenden. Dazu kann auch gehören, dass die Engel uns genau zu dem Arzt, dem Therapeuten, der medizinischen oder/und psychotherapeutischen Maßnahme, dem Medikament, der Methode führen, womit die in Disharmonie geratenen, krank gewordenen Zellen und Organe unseres Körpers der heilenden Harmonie sich wieder öffnen können.

Blauer Turmalin – Rechteckige Form

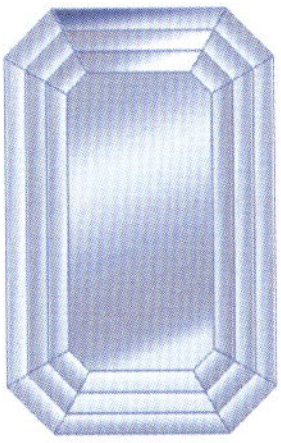

Hier sorgen *»Engel des Auswegs«* für die (Er-)Lösung karmischer Kräfte, die Beziehung, Partnerschaft, Familie, Beruf, Wohnraum, … belasten. Sie helfen uns, in vielen Situationen im Zusammenleben und Zusammenwirken privater oder beruflicher Art immer wieder ‚gute' Gedanken und Gefühle zu entwickeln und dadurch eine harmonische Lebensweise, die uns zunehmend aus belastenden Zusammenhängen befreit und Wege des friedlichen Miteinander aufbauen lässt. Wir dürfen die Erfahrung machen, dass wir innerlich gefestigt und mit natürlicher Würde uns selbst und unserer Umgebung begegnen.

Blauer Turmalin – Runde Form

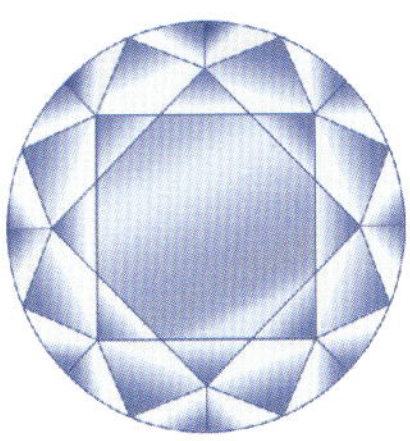

Diese Engel haben die Aufgabe, unsere Gedanken und Denkmuster von Belastendem zu befreien und uns dabei zu helfen, von unserer Grundeinstellung her keine belastenden Gedanken und Vorstellungen entstehen zu lassen. Sie unterweisen uns auch darin, anderen Menschen bewusst ‚gute' Gedanken zu senden, zu beten, zu meditieren. Sie nähren unser Selbstbewusstsein mit Glaubenskraft und unterstützen uns darin, uns damit vor belastenden Gedanken, Gefühlen, Handlungen anderer zu schützen. Die *»Engel des Auswegs«* richten uns mit ihren dunkelblauen Lichtschwingungen immer wieder auf, bahnen uns Wege aus karmischen Verflechtungen mit anderen Menschen, entfalten ein Leben in Würde.

Blauer Turmalin – Tropfenform

Mit ihrem wohltuenden dunkelblauen Licht berühren die Engel mit Disharmonie belastete Gefühle und daraus entstandene emotionale Kräfte, die wir gegen uns selbst und andere gerichtet haben. Sie holen aber auch Potentiale unserer Seele in unser Bewusstsein, die noch unbewusst sind, im Dunkel liegen, die jedoch eine Bedeutung für unsere Entwicklung haben in diesem Erdenleben. Mit dem Leben auf Erden werden in unserer Seele immer wieder gegensätzliche Empfindungen hervorgerufen mit denen wir dazu neigen, in Gut und Böse einzuteilen, zu trennen, zu werten. Die *»Engel des Auswegs«* im blauen Licht bringen uns mit der großen unsterblichen Kraft der Seele in Verbindung und lassen uns damit teilhaben an der kosmischen Heimat unserer Seele, wo sie in sich ruht, wissend um das Ewige, das Zeitlose. Über dieses Potential zeigen uns die Engel immer wieder einen Ausweg aus all den wertenden, trennenden Neigungen unserer Gefühlswelt und erinnern uns daran, nicht über uns selbst und andere zu urteilen, nicht andere dafür verantwortlich zu machen, dass es uns ‚gut' oder ‚schlecht' geht.

GRÜNER TURMALIN (VERDELITH)

»Engel des Auswegs«, die im grünen Licht zu uns kommen und mit dem grünen Turmalin verbunden sind, lehren uns eine gewisse Vertrautheit im Umgang mit Menschen. Sie lassen uns einen liebevollen Zugang zu anderen finden und geben uns die Kraft der Ausdauer und Zuversicht, wenn es darum geht, sich das ‚Herz' und die Zuneigung eines anderen zu erobern, eine Freundschaft, eine Liebesbeziehung, eine Partnerschaft aufzubauen. Immer wieder zeigen sie uns einen Weg, der eine Anbahnung, eine Begegnung ermöglicht.

Grüner Turmalin – Ovale Form

Mit ihrem vitalen Grün sorgen die Engel für erneuernde Kräfte in der Liebe zweier Menschen füreinander und lassen Begegnungen ‚herzerfrischend' sein. Führt ein gestörtes bzw. belastetes Liebesleben zu Reaktionen im körperlichen Bereich, zeigen uns die Engel Wege der Heilung und verbinden sich mit Erzengel Raphael.

Grüner Turmalin – Rechteckige Form

Die Engel führen uns mit Menschen zusammen, mit denen wir eine freundschaftliche, herzliche Verbindung eingehen können in beruflichen Zusammenhängen oder uns sonst nützlichen Beziehungen. Sie beleben eine erfrischende Kraft für die Bewältigung der Herausforderungen des Alltags und geben neue Impulse, Hilfreiches füreinander zu tun.

Grüner Turmalin – Runde Form

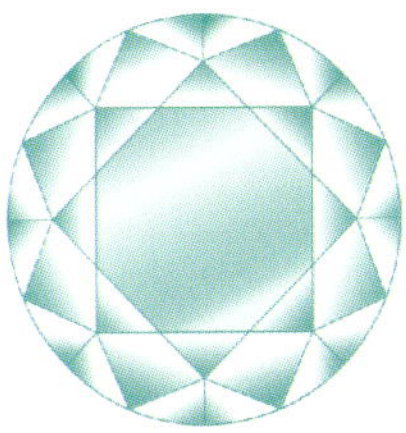

Hier zentrieren die Engel die Kräfte, erfüllen uns mit erfrischenden Gedanken und Ideen und helfen uns, Auswege zu finden, wenn unsere Gedanken abschweifen und uns ermüden. Sie entlasten unseren stets forschenden und prüfenden Verstand, zeigen uns Auswege aus innerer Abstumpfung und Gleichgültigkeit und regen unsere Vorstellungskräfte an, mit denen wir auf neue Weise die (Um-) Welt entdecken können.

Grüner Turmalin – Tropfenform

Tropfen mit wohltuender Harmonie für die Gefühlswelt lassen die Engel in unseren Seelenkörper hineinfallen. Sie lösen uns aus Gefühlskälte, stabilisieren emotionale Schwankungen und helfen in Partnerschaften, sich gegenseitig zu lieben und zu fördern, statt sich zu zerstören, durch Projektionen zu verletzen, voneinander abzuwenden.

GRÜN-ROSA TURMALIN

Die *»Engel des Auswegs«* kommen in der Verbindung von zwei Farbstrahlen zu uns, stärken die bedingungslose Liebe in uns mit ihrem wunderschön leuchtenden rosa Licht und hüllen uns ein in das erfrischende, erneuernde grüne Licht. In dieser Verbindung wirken sie sehr stark und umfassend auf die Liebe unseres Herzens, das nicht nur auf der körperlichen Ebene zwei Herzkammern hat, sondern auch in den feinstofflichen Ebenen zwei Bereiche der Liebe. Mit ihrem grünen Licht regen die Engel unsere objektbezogene Liebe an – die Liebe zur Materie, zu allen Menschen und Geschöpfen, die hier auf Erden verkörpert sind. Gleichzeitig intensivieren die Engel mit dem rosafarbenen Licht die Liebe zu allem Unsichtbaren, Feinstofflichen, das mit der sichtbaren Schöpfung verwoben ist und bestärken uns darin, die überpersönliche Liebe zu entfalten und sozusagen über uns hinauszuwachsen – über die Bedürfnisse der eigenen Person, Familie, Umgebung.

Wegen der erhöhten Brüchigkeit beim Farbübergang werden grün-rosa Turmaline seltener in Facetten geschliffen und hauptsächlich in ovale und rechteckige Formen.

Grün-Rosa Turmalin – Ovale Form

Die Engel unterstützen ganz besonders das Wohlbefinden des Körpers und helfen uns, ein liebendes Feingefühl für Reaktionen und Bedürfnisse unseres Körpers zu entwickeln. Sie zeigen uns Auswege aus Blockaden, die zu einer inneren Ablehnung der körperlichen Liebe führen und beleben dazu unsere Hingabefähigkeit.

Grün-Rosa Turmalin – Rechteckige Form

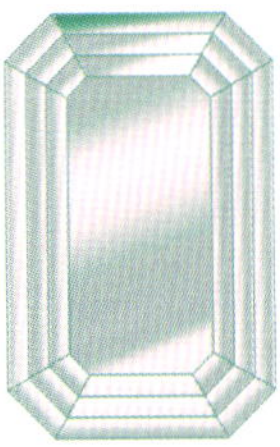

Die stabilisierende Kraft dieser Engel hilft uns, in der Liebe zum Partner, zur Familie, zum Beruf, zum Hobby zu einer Unabhängigkeit zu kommen und doch verantwortungsbewusst zu sein. ‚Hängt unser Herz' einseitig an materiellen Werten, öffnen die Engel unser Herz für die Schönheit der bedingungslosen Liebe und der göttlichen Liebe, die in der Materie zum Ausdruck kommt. Sie lehren uns, mit mehr selbstloser Liebe mit unserem ‚Besitz' umzugehen, aber ohne Missachtung der materiellen Welt.

ROSA TURMALIN (RUBELLIT)

In wunderschön sanften rosa bis hin zu intensiven rot und rotvioletten Farbschwingungen kommen diese *»Engel des Auswegs«* zu uns und lehren uns das Dienen. Sie wecken in uns das Gefühl der Erfüllung, das mit der Hingabefähigkeit der selbstlosen Liebe eintritt. Mit diesem Erfülltsein im selbstlosen Denken, Fühlen und Tun eröffnen sie uns Auswege aus einseitig materiell orientierter Liebe. Sie lenken unser Lebens- und Liebesempfinden in die feinstoffliche innere Welt, in die Glaubensbereiche der Seele, in ihr innerstes Sehnen und Streben nach Erhebung und Erhöhung, nach wahrer Liebe und Erlösung von Leidenschaft (was Leiden schafft), Machtstreben, Gier und Neid.

Rosa Turmalin – Ovale Form

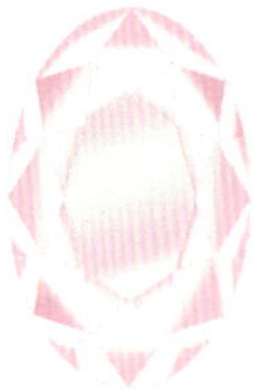

Die Engel sorgen dafür, dass wir unserem Körper mit Sanftheit und Intensität begegnen lernen. Sie lösen uns aus tiefer Verzweiflung über krankhafte Reaktionen unseres Körpers heraus und lassen uns Zusammenhänge zum Psychosomatischen erkennen. Besonders allergische Reaktionen, Überempfindlichkeit der Haut und Hautreizungen zeigen uns Abwehrhaltungen, Schutzmechanismen, unerfüllte Zärtlichkeits- und Liebesbedürfnisse auf der Gefühlsebene an, die sich über den Körper – hier besonders über die Haut – mitteilen. Die Engel bringen eine erlösende Kraft, die uns immer wieder daran erinnert und ermutigt, unseren ureigensten Empfindungen der Liebe nachzugeben und voller Sanftheit mit uns und mit anderen umzugehen.

Rosa Turmalin – Rechteckige Form

Engel wecken in uns das Bedürfnis nach einem selbstloseren, liebevolleren Umgang mit dem, was uns umgibt, was wir zur Existenz hier auf Erden brauchen. Sie erinnern uns an die Dankbarkeit, beleben liebevolle Aufmerksamkeit und helfen uns damit, einen Ausweg zu finden aus Langeweile, Überdruss, Machtstreben.

Rosa Turmalin – Runde Form

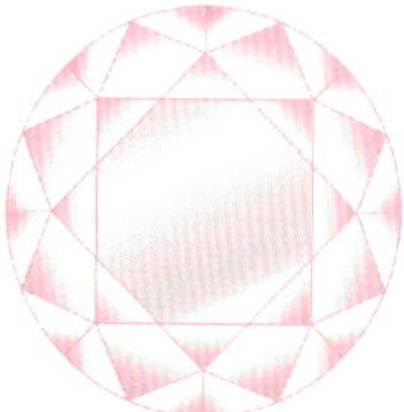

Intensives Mitgefühl und Liebe, Achtsamkeit und zentrierte Zielstrebigkeit strömen die Engel in unsere Gedankenwelt. Sie verhindern damit, dass wir auf ‚dumme Gedanken' kommen, die belastende Energiepotentiale schaffen, mit denen wir uns selbst am meisten schaden. Sie lehren uns zu erkennen, wie lieblos wir oft mit uns selbst, aber auch mit der Schöpfung umgehen, bahnen Wege der Lösung aus belastenden Gedanken an, wenden uns einer liebevollen Geisteshaltung zu. Damit verhindern sie das Entstehen von Störungen, die sich in körperlichen, gefühlsmäßigen und gedanklichen Bereichen manifestieren.

Rosa Turmalin – Tropfenform

Bedingungslose Liebe, Verstehen, Verzeihen tropfen die *»Engel des Auswegs«* in Seele und Gemüt. Sie öffnen in unserer Gefühlswelt eine Tür, die wir nicht mehr einfach durch Wollen, durch ‚Starksein' schließen können und helfen uns, aus der Haltung der Verdrängung herauszukommen, mit der wir eine gewisse Zeit – oftmals viele Jahre und Jahrzehnte – Seelenschmerz, Enttäuschung, ungeweinte Tränen zurückhalten (zurückweisen) konnten. Auch wenn uns das Zurückdrängen gelungen ist, heißt das nicht, dass diese Eindrücke und daran gekoppelte Empfindungen dadurch verschwunden sind. Die Engel wirken liebevoll und sanft hinein in den Schmerz- und Tränenstrom, so dass wir weinen können und sie im Fluss der Tränen innere Schranken und Blockaden der Härte mitreißen und forttragen können. Sie berühren uns mit der Liebe, nach der wir uns immer wieder sehnen, erleichtern und befreien uns von zuviel Härte, von Schwere und von Selbstmitleid.

Die Engel der Turmaline zeigen uns Auswege, wo wir selbst keine mehr sehen.

Tragen wir einen Turmalin am **Hals**, wirken seine Engel auch besonders auf unser Feingefühl bei der Wortwahl sowie auf die sprachliche Ausdruckskraft und helfen uns, wann wir wie was sagen, damit es vom anderen am besten verstanden, aufgenommen und angenommen werden kann. Sie unterstützen uns, Engel sowie andere geistige Wesen und Helfer vertrauensvoll anzusprechen, innerlich um Hilfe zu bitten.

Mit dem Turmalin am **Herzen** befreien die Engel unsere Gefühlswelt von Schuldgefühlen und unterdrückter Liebe, wir werden kontaktfreudiger. Sie lassen uns mit ganzem Herzen etwas ‚anpacken' und Wege der guten Lösungen und Entwicklungen gehen. Ein starkes inniges Gefühl, dass Engel und Geistführer da sind, durchflutet uns und vermehrt unsere Sicherheit und unser Selbstvertrauen, uns dieser Welt zuzuwenden.

Ein Turmalin-**Armband** bestärkt uns in der Liebe in allem Tun und hilft uns, eine vertrauensvolle Handlungsweise entstehen zu lassen und in bewussterem Kontakt mit den Engeln ganz konkrete Auswege in schwierigen Situationen zu finden.

Der Turmalin-**Ring** stärkt in uns Respekt und Toleranz uns selbst und anderen gegenüber, verleiht uns stille Würde. Mit ihm sind wir nie um einen Ausweg verlegen, finden wir zielstrebig und mit Fingerspitzengefühl immer noch – auch wenn es manchmal im letzten Augenblick ist – eine reale Möglichkeit, mit der uns die Engel aus einer Notsituation herausführen oder bei einer gravierenden Entscheidung helfen können.

Engel der hohen Ideale und Glaubenskraft

SAPHIR

Die Engel kommen in vielen unterschiedlichen Blautönen zu uns – vom helleren Blau über sattes Königsblau und Kornblumenblau bis hin zum tiefglänzenden Dunkelblau – und stellen eine Verbindung zum Himmel her. Ihr Stein, der Saphir, wird auch als ‚Stein des Weisen' bezeichnet. Es sind die *»Engel der hohen Ideale und Glaubenskraft«* die uns begleiten und dafür sorgen, dass sich unser Lebensweg entsprechend den von der Seele vorgenommenen Aufgaben entwickelt. Sie sorgen für Disziplin und Ausdauer aus großer Glaubenskraft, tiefinnerster Überzeugung und Enthusiasmus heraus, fördern unsere Begeisterungsfähigkeit für Außergewöhnliches, um ein hohes Ziel anzustreben und zu erreichen und hohen Idealvorstellungen näher zu kommen. Die Engel des Saphir wachen darüber, dass wir nicht von dem Weg abkommen, den sich unsere Seele zur Entwicklung ihrer geistigen Potentiale in diesem Erdenleben zum Ziel gesetzt hat und schützen uns vor störenden Begegnungen und Beeinflussungen, sowohl aus der feinstofflichen, geistigen Welt, wie auch auf der irdischen Ebene. Eine gewisse Strenge kommt damit in unser Leben aber auch Aufrichtigkeit und Wahrheitsstreben sowie Effizienz und Essenz.

Saphir – Ovale Form

In herrlichem Blau durchfluten die Engel unseren Körper und sensibilisieren uns für das Heilige unseres Körpers, dass er ein ‚Gefährt' oder auch ‚Gefäß' der Seele ist. Sie motivieren uns, ein gesundes ‚höheres' Körperbewusstsein zu entfalten mit dem wir für einen gesunden Körper sorgen und auf die wahren Bedürfnisse unseres Körpers eingehen. Wir lernen durch sie, auf die Stimme unseres Körpers zu hören, schädigende Gewohnheiten aufzugeben, das zu tun, was ihn elastisch, beweglich, belastbar erhält. Die Heilreaktionen und das Wohlbefinden unseres Körpers belohnen uns für das ausdauernde, geduldige, achtsame Eingehen auf innere Signale und die Bereitschaft, auf höhere Hinweise und

Engel der hohen Ideale und Glaubenskraft

Führungen zu achten und uns aus belastenden Neigungen zu lösen. Wir dürfen mit der Erfahrung der Selbst-Beherrschung im Sinne der Selbst-Bemeisterung innerlich wachsen und gesunden.

Saphir – Rechteckige Form

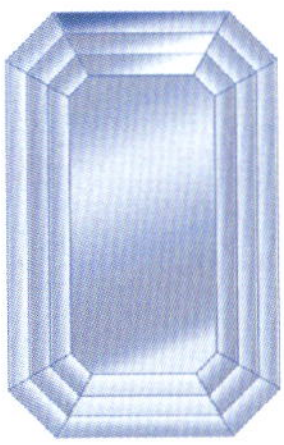

Die Engel verstärken unser Sehnen und Streben nach der Verwirklichung hoher Ziele und Ideale im materiebezogenen Leben und verbinden uns mit Glaubenskraft und mit Weisheit aus höheren Ebenen und Führungen. Sie achten darauf, dass wir in unserem Leben die ‚richtigen' Entscheidungen treffen im Sinne der Erfahrungs- und Entfaltungsbedürfnisse der Seele. Immer ist dabei ein hohes inneres Ziel Antriebskraft, der hohe Anspruch auf bestmögliche Verwirklichung – was auch immer das für den Einzelnen in den jeweiligen Lebensbereichen und -situationen heißt. Unser Alltagsleben wird bestimmt von der Auseinandersetzung mit hohen, über das materielle Leben hinausgehenden, geistigen, moralischen, ethischen und religiös orientierten Lebensinhalten und Zielen. Entscheidungen und Gefühle der Erfüllung und Freude sind geprägt von hohem Anspruch an sich selbst und andere sowie von Anstrengungen, Verzicht, Disziplin.

Saphir – Runde Form

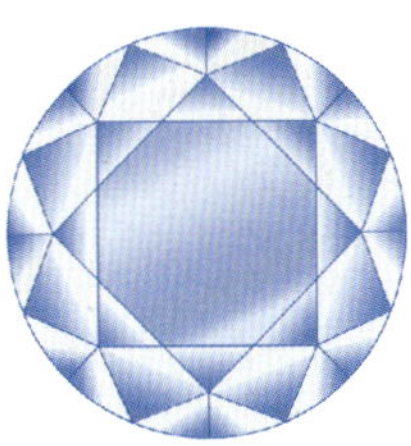

Mit ihrem seidig glänzenden Blau wirken die Engel in unsere Denkweisen hinein und bündeln ihre Kräfte in unseren Gedanken und Vorstellungen, konzentrieren sie auf wichtige Fragen des Lebens, lenken sie zu hohen Idealen und Glaubenskräften und lassen uns edle Gedanken entwickeln. Unsere innere Einstellung und Weltanschauung ändert sich, unsere Gedanken um den Sinn des Lebens beschränken sich nicht nur auf die existentielle, materielle Daseinsbewältigung sondern wir wenden uns der Bewusstseinserweiterung und geistiger Erkenntnis zu. Die Engel schützen uns und sorgen dafür, dass wir entsprechend der Evolution der Seele genau das erkennen, was wir zur Weiterentwicklung benötigen, verkraften und in unser Bewusstsein integrieren können.

Saphir – Tropfenform

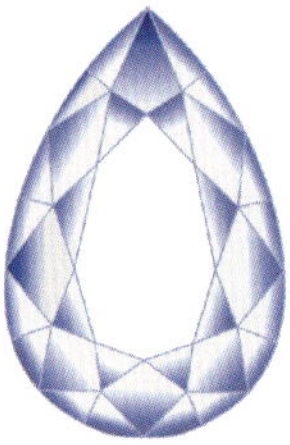

Ganz im tiefen Blau des Saphirs kommen die Engel in unsere Seelenkräfte und verbinden sich mit unserer Sehnsucht nach Orientierung in gefühlsmäßigen Unzulänglichkeiten. Die Seele weiß, welche Aufgaben sie sich in dieser Inkarnation vorgenommen hat, welche Ziele sie anstrebt, was sie bewältigen und welche Potentiale sie entfalten will. Im Irdischen wird sie aber mit allerlei Versuchungen und Kräften konfrontiert, die dem im Wege stehen, Prüfungen, Hemmnisse fordern uns heraus. Trotzdem ist die Seele stets bemüht, ihren inneren Anforderungen gerecht zu werden und eine Disziplinierung der Gefühle zu erreichen, um aus dem Dasein des Beherrschtwerdens herauszukommen. Wir inkarnieren immer wieder auf Erden, um die Seele aus ihrer Unbewusstheit und Dunkelheit zu befreien. Indem wir die geistigen Gesetze des Lebens erkennen und anwenden lernen, tritt eine zunehmende Befreiung aus der Fessel der Unbewusstheit ein. Über die Beherrschung der Gefühlswelt setzen wir in der Seele Kräfte frei, entwickeln Tugenden, die dann zur Verwirklichung eines Ideals zur Verfügung stehen. Die Engel ermöglichen uns zunehmend die Erfahrung, dass wir unser Leben mehr in Übereinstimmung mit den Bedürfnissen unserer Seele leben und irdische Anfechtungen, die dem entgegenstehen, uns nicht mehr davon abbringen können.

STERNSAPHIR

Mit einer ganz besonderen Energie bringen uns die *»Engel der hohen Ideale und Glaubenskraft«* mit dem Sternsaphir in Verbindung, der durch feinste eingelagerte Rutilnadeln in einem hellen sechsstrahligen Stern leuchtet. Allerdings wird dazu der Stein nicht in Facetten geschliffen sondern im mugeligen Cabochonschliff. Die Engel vereinigen und zentrieren ihre Kräfte zu einem Stern, tragen und wiegen uns in der Gewissheit, von göttlichen Kräften und guten Mächten umgeben zu sein, stärken große Geborgenheit in uns und das bewusste Verbundensein mit den Engelwelten. Sie führen all diejenigen Engel, geistigen Hüter und Führer zusammen, die wir brauchen, um unser Gottvertrauen zu verströmen und andere damit zu unterstützen.

Tragen wir Saphir am **Hals**, sprechen die Engel durch unsere Worte mit Gottvertrauen und Gottes Geist. Sie helfen uns, dass wir uns auf die wesentlichen Dinge des Lebens konzentrieren, stärken uns in Körper, Seele und Geist.

Wird der Saphir am **Herz** getragen, erfüllen Engel unsere innersten Herzenswünsche – aber oft anders, als wir es uns vorgestellt haben. Die Schwingung des Saphirs und seiner Engel ruft stets höhere Ideale und Ziele in uns wach. Ihre Erfüllung wird zu einem Herzenswunsch. Unser Sehnen und Streben nach geistiger Erkenntnis und Vervollkommnung wird von den Engeln sehr unterstützt.

Saphir im **Armband** lässt uns diszipliniert und zielgerichtet vorgehen, getragen von großer Glaubenskraft und Überzeugung.

Als **Ring** wird der Saphir geradezu zum Verbündeten unserer Seele, ihren hohen Aufgaben und Anforderungen gerecht zu werden.

Für einen Menschen, der sich als Kanal für die heilende göttliche Lebensenergie zur Verfügung stellt, der ein Transformator ist, ein Vermittler geistiger Kraft zur Entfaltung der Selbstheilungskräfte, ist der Saphir-Ring von besonderer Bedeutung. Die Engel beschützen den Menschen vor geistigen Wesenheiten und Kräften, die nicht der Idealvorstellung seiner Seele entsprechen. So kann er in einer gefestigten, selbstlosen, reinen Haltung bleiben, wenn er als Heiler tätig ist. Sein Ego kommt nicht mehr mit eigenmächtigen Vorstellungen und Kräften hinzu, so dass er sich nach einer Behandlung weder ausgelaugt noch belastet fühlt, sondern aufgeladen ist von der unerschöpflichen Energiequelle der göttlichen Liebe, die er durch sich hat strömen lassen.

Engel der Meditation und Intuition

Engel der Meditation und Intuition

AMETHYST

Die Engel kommen in funkelnden Violettfarben zu uns – von hellen fliederfarbenen, zarten Farbtönen bis hin zum kräftigen und mächtig wirkenden Dunkelviolett. Sie vereinigen in sich die Schwingungen und Wirkungen von Rot und Blau, die Antriebskraft im Irdischen und die Glaubenskraft im Geistigen. Sie bringen uns mit dem Mystischen, Unfassbaren, Unnennbaren in Verbindung, berühren uns mit ihrer violetten Flamme, dem geistig-spirituellen Feuer mit dem sie Karma transformieren, geistige Heilung auslösen. Wohl wissend um die Verbindung mit geistigen Kräften wird der Amethyst in religiösen Zusammenhängen genutzt, so auch von buddhistischen Mönchen als Amethystkugeln in Gebetsketten und in der katholischen Kirche für den Ring des Bischofs. Die *»Engel der Meditation und Intuition«* regen unser Bedürfnis nach der Verbindung mit dem göttlichen Geist des Lebens in uns an, lehren uns, die Verbindung zu dieser hohen Kraftquelle herzustellen, regelmäßig zu pflegen und daraus Kraft und Weisheit zu schöpfen – beispielsweise durch innere Einkehr, Gebet, Meditation aber auch durch die Förderung, der Intuition zu vertrauen und uns an Hinweisen, Botschaften, Weisungen aus ‚höheren' Ebenen zu orientieren.

Die Engel stehen uns aber auch mit Standhaftigkeit bei und helfen uns immer wieder, im entscheidenden Moment nicht ‚schwach' zu werden, nicht ‚umzukippen' und uns von einem guten Vorsatz nicht abbringen zu lassen. Damit helfen sie uns bei allen Arten von Süchten und lenken unsere ‚Suche', die in der ‚Sucht' verborgen ist, in geistige Ebenen und spirituelle Kräfte. Sie stehen uns aber auch bei, uns aus Luftschlössern und nicht durchführbaren Ideen und Vorhaben lösen zu können, der göttlichen Führung und Weisung in der Intuition zu vertrauen und einen Realitätssinn zu entwickeln.

Amethyst – Ovale Form

Engel in violettem Licht umgeben und durchfluten unseren Körper mit geistiger Heilkraft und sorgen für Entspannung der Körperzellen, beruhigen (be-)rauschende, überschäumende Gedanken und Gefühle, lindern Nervenleiden. Bei Hautleiden hüllen uns die Engel in ihre feinen und doch kraftvollen Schwingungen ein und streicheln mit ihren Flügeln immer wieder sanft über unsere Haut. Sie wirken mit ihrer violetten Flamme in karmisch bedingte Erkrankungen hinein, reinigen, läutern und intensivieren die Selbstheilungskräfte und – sofern Heilung geschehen darf – lösen sie uns aus den Ursachen der Krankheit, leiten die Wende zur Gesundung ein. Die Engel helfen uns in diesem Prozess, uns immer wieder konzentrieren zu können und uns dem göttlichen Potential der Erlösung und Heilung über innere Einkehr und Meditation zuzuwenden. Wenn wir innerlich gefestigt sind, können sie unsere geistig-spirituelle Aufnahmefähigkeit fördern und uns darin bestärken, der intuitiven Führung zu vertrauen, Schritte der Heilung zu gehen, auch wenn wir nicht immer gleich den Sinn der uns aufgezeigten Schritte verstehen. Indem wir wissen, Gott in uns erreichen und ihn um Hilfe bitten zu können, kann beruhigende Stille in uns eintreten und tiefinneres Vertrauen wirken.

Amethyst – Rechteckige Form

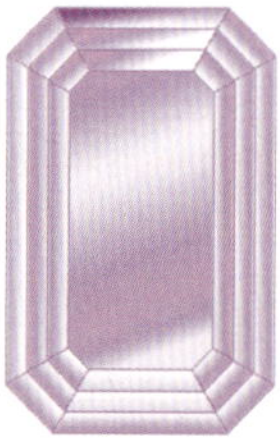

Die Engel lassen Güte und Weisheit in unsere Entscheidungen und Handlungen auf irdischer Ebene einfließen und lehren uns, um Gottes Hilfe und Führung auch im alltäglichen Leben zu bitten. So wird es uns selbstverständlich, in täglicher innerer Einkehr und Meditation geistige Kräfte zu mobilisieren, um die Anforderungen des Lebens zu meistern. Kräftezehrende Unentschlossenheit, Unaufrichtigkeit, Verlustangst u. v. m. lösen sich mit einem ‚guten Draht' zu Gott, mit dem wir uns immer wieder mit ihm in Verbindung setzen können, ihn in unsere Auseinandersetzungen einbeziehen und uns seiner Unterweisung und Führung anvertrauen können. So bauen wir unser Haus nicht auf Sand, d. h. vergängliche Güter, sondern auf Fels, d. h. unsere Glaubenskraft und Gottverbundenheit. Wir lernen und erfahren, dass nichts auf Erden ohne Sein Zutun geschieht und dass wir nie verlassen sind, wenn wir um Seine Kraft wissen und sie bewusst in unser Leben einbeziehen.

Amethyst – Runde Form

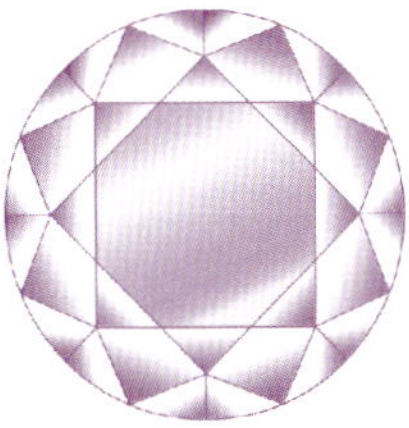

Die »*Engel der Meditation und Intuition*« lieben es, uns mit geistigen Ideen zu inspirieren und die intuitive Seite unseres Verstandes zu beleben. Mit ihrem violetten Feuer lösen sie uns aus überholten, uns und der Schöpfung nicht mehr dienenden Denkstrukturen, Sichtweisen, Vorstellungen und Idealen. Sie wenden unsere gedankliche Ausrichtung zu Gott hin – gerade auch in der Auseinandersetzung mit Problemen – und lehren uns, in die Stille nach innen einzukehren, uns zu zentrieren und in die Kontemplation und Meditation zu versenken. Heilsame Stille erfasst unseren Geist und stets kreisende Gedanken kommen zur Ruhe – es entsteht Raum für schöpferische Impulse, intuitive Eingebungen, Inspiration. Die Engel sorgen liebevoll dafür, dass wir innerlich aufatmen, uns aus Spannungen lösen, göttliche Kraft tanken. Damit lösen sie auch oftmals Kopfschmerzen, die entstehen, wenn wir ‚mit dem Kopf durch die Wand' wollen, aus eigener Anstrengung eine Lösung finden wollen und vieles so ‚eng' sehen. In Verbindung mit der göttlichen Weisung und Führung lösen sich die Dinge optimal, auch wenn wir das nicht immer gleich durchschauen. Im violetten Licht bekommen wir oftmals ‚schlagartig' und intuitiv eine Lösung und dürfen erkennen, dass es Situationen und Bereiche gibt, die nicht mit dem wollenden, analytischen, kausalen Denken allein zu bewältigen sind. Vielmehr steht uns ein geistiges Potential hoher Weisheit zur Verfügung, das über Loslassen, Hingabe, Hinwendung zu göttlicher Weisheit und innerer Einkehr zu erreichen ist.

Amethyst – Tropfenform

Mit funkelndem violetten Licht durchströmen die Engel unsere Gefühlswelten, lassen uns die Macht der spirituellen Liebe spüren und bemühen sich, uns damit aus Leidenschaft, Abhängigkeit und Unterdrückung zu lösen. Sie helfen uns, geistige Kräfte und Fähigkeiten in unser Leben einzubeziehen und uns in schwierigen Begegnungen, Auseinandersetzungen, Situationen dem Göttlichen zuzuwenden und Lösungen aus der Intuition wahrzunehmen und umzusetzen. Auch Spannungen, die durch Beziehungen und Partnerschaften entstehen, Gefühle der Ohnmacht und Hilflosigkeit erfahren eine Entlastung und Wandlung zum konstruktiven Miteinander, zum Füreinander.

Mit ihren funkelnden Licht-Tropfen führen uns die Engel aber auch mit unsterblichen Teilen unseres Wesens in Seele und Geist zusammen, dem ewigen göttlichen Sein – unfassbar, nicht erklärbar – in glückseligen Momenten mystisch erfahrbar. Sie ermöglichen uns Empfindungen mit denen wir wahrnehmen dürfen, dass nichts im Leben verloren geht – auch keine Energie – sondern dass alles nur im Wandel ist, transformiert wird in andere Seinszustände. Selbst wenn wir mit dem Tod unseren Körper hier auf Erden zurücklassen, leben Wesensanteile von uns in feinstofflichen Ebenen weiter. Die Engel helfen uns, ein erweitertes Bewusstsein und Weltbild zu entwickeln und damit auch Ängste vor Verlusten zu lösen – auch vor dem Verlust des eigenen (irdischen) Lebens, vor existentiellen Verlusten, Ängsten, nicht mehr geliebt zu werden, einen geliebten Menschen zu verlieren, den eigenen hohen Ansprüchen nicht mehr genügen zu können, dem Selbstbild nicht mehr zu entsprechen mit der Gefahr des Selbstwertverlustes. Ist es den Engeln gelungen, unser göttliches Bewusstsein in unser Leben hier auf Erden zu integrieren, bekommt unser Leben neue Dimensionen und höhere Qualität.

Tragen wir den Amethyst am **Hals**, lassen uns die Engel zudem Worte finden, um unseren intuitiven Erfahrungen Ausdruck zu geben. Sie helfen uns aber auch in besonderer Weise, die rechten Worte im Gebet, in innerer Einkehr, in der Meditation zu finden. Karmische Belastungen, die ‚auf unseren Schultern lasten', uns bedrohlich ‚im Nacken sitzen' können gelöst, geläutert und transformiert werden.

Am **Herzen** bringen die Engel Frieden in unsere Gefühlswelt und lenken unsere Gefühle zum göttlichen Glauben hin, wo sie allmächtige Liebe, Erfüllung und Befreiung von irdischen Ängsten erleben. Sorgen um das ‚Überleben', um das ‚Morgen', um unser Leben können sich lösen im Wissen um die unendliche Schöpferkraft, ewige Liebe, Güte und Weisheit Gottes in uns und in allem.

Mit dem Amethyst-**Armband** lenken die Engel geistige Kräfte und Bewusstsein in unser Verhalten, in unsere Handlungsweisen und lassen uns die Verbundenheit mit der göttlichen Welt immer wieder erleben. Das Tragen des Armbandes ist auch sehr hilfreich bei Sucht- und bei Hautproblemen.

Wenn wir den Amethyst als **Ring** tragen, sind wir eng in all unserem Handeln mit Gottes allmächtiger Liebe und weiser Führung verbunden.

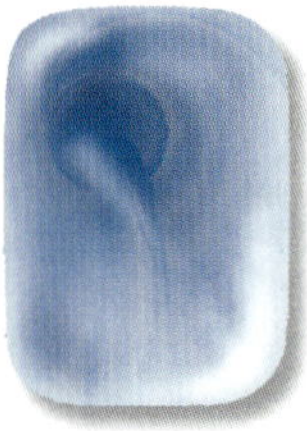

Energiezentren der Hände und des Herzens

Engel der cabochon geschliffenen Edelsteine

Von jedem der bisher beschriebenen Edelsteine im Facettenschliff gibt es nicht ganz so reine und leuchtende Qualitäten, die als Cabochon mugelig geschliffen werden. Dieser Schliff hat eine andere Auswirkung als der Facettenschliff, da die Edelsteine nicht in viele kleine Flächen geschliffen werden sondern mit einer gewölbten Oberfläche über einer Basis. Meist sind die dazu verwendeten Edelsteine nicht ganz so transparent sondern eher durchscheinend, wolkig mit Einschlüssen bis hin zu opak (undurchsichtig). Aber auch hier gibt es unterschiedliche Formen wie oval, rechteckig, rund, tropfenförmig. Auch hier sind wir mit Engeln verbunden, die für dieselben Bereiche zuständig sind wie die Engel der facettiert geschliffenen Edelsteine, die aber eher eine weiche, sanfte Ausstrahlung mit anderer Intensität haben. Von daher können wir ihre Wirkung in abgeschwächter Weise auf die bereits beschriebenen Facettenschliffe der einzelnen Edelsteine übertragen, so dass wir uns dem Cabochonschliff dieser Steine nicht gesondert zuwenden brauchen. Sie entsprechen in ihrer Form der jeweiligen Form des Facettenschliffs, wirken aber abgeschwächter und erdbezogener und ihre Engel erreichen uns hauptsächlich über die Energiezentren unserer Hände und unseres Herzens, verbinden Herz und Hände, lassen die Liebe, Freude und Weisheit des Herzens in unser Tun hineinfließen.

Wir wenden uns hier jetzt Engeln einiger ausgewählter Edelsteinarten zu, die von ihrem Wesen her ein sanftes Licht ausstrahlen und deren Steine als Cabochon geschliffen werden. Es sind Rutilquarz-, Jade-, Rosenquarz-, Chalcedon-, Mondstein- und Opal-Engel. Sie können uns in besonderer Weise über unsere Hand-Energiezentren in Verbindung mit unserem Herz-Zentrum erreichen. Sie berühren das, was uns am Herzen liegt, helfen uns, zu **hand**eln und nehmen starken Einfluss auf unser Tun, das sich im irdischen Leben zeigt – sowohl im Denken als auch im empfindenden und aktiv handelnden Bereich.

Engel des goldenen Lichts

Engel des goldenen Lichts

RUTILQUARZ

Die Engel des Rutilquarz ermöglichen uns etwas ganz besonderes. Im Entstehungsprozess ihres Steines sorgen sie dafür, dass während der allmählichen Abkühlung titanhaltiger Kieselsäure die feinen goldenen Rutilnadeln nach und nach von Bergkristall umgeben werden. Wie sich in ihrem Stein die Eigenschaften von zwei verschiedenen Mineralien so vereinen, dass sie sich nicht vermischen, stets getrennt bleiben aber doch im Stein eine Einheit bilden, helfen uns die Engel, dass wir harmonische Verbindungen, Beziehungen, Partnerschaften eingehen können ohne uns selbst aufzugeben. Sie fördern unser Streben nach Unabhängigkeit und geistiger Freiheit und lassen uns in der Erkenntnis reifen, dass dies nicht bedeutet, alles tun zu können. Vielmehr geht es um die Freiheit vor sich selbst, um in Freiheit in göttlicher Liebe zu dienen. Gleichzeitig helfen uns die Engel, Partnerschaften zu stabilisieren mit einer soliden, ehrlichen, geschützten Basis.

Wie goldene Lichtpfeile wirken die Rutilnadeln, die im Altertum als Venushaar bezeichnet wurden aber auch als Pfeile des Liebesgottes Amor und später als Engelshaar. Die *»Engel des goldenen Lichts«*, die mit dem Rutilquarz zu uns kommen, umgeben und durchströmen uns mit ihrem reinen hellen golddurchfluteten Licht und bei jeglicher Disharmonie senden sie ihre goldenen Lichtpfeile aus mit denen sie sehr schnell, klar und direkt die Ursache der Disharmonie treffen und mit göttlicher Heilkraft, mit Gottes Schutz und Segen für eine schnelle Harmonisierung und liebevolle Heilung sorgen. Alles in uns wird von ihrem Licht-, Liebes- und Segensstrom erfasst, der stärker ist als alles andere. Selbst die Zellen in unserem leiblichen Körper richten sich nach dieser Schwingung aus, auch dann, wenn sie sich vorher in der disharmonischen Gegenbewegung befunden haben und dadurch krank wurden. Mit dem goldenen Licht kommt aber auch ein umfassender göttlicher Schutz in unsere Aura und in die Energiekörper, der auf allen Ebenen wirksam wird.

Rutilquarz – Ovale Form

Die Engel verschmelzen mit unserem Energiekörper, der unseren leiblichen Körper versorgt. Ihr goldenes Licht umgibt unsere Aura und schützt sie vor Krankheitserregern. In ihrem golddurchfluteten Lichtstrom erreichen sie nach und nach jede Zelle unseres Körpers, die gar nicht anders kann als sich dem harmonisierenden heilenden göttlichen Licht und Segen zu öffnen und sich nach ihm auszurichten und in die große kosmische Harmonie wieder einzufügen. Wenn wir den Rutilquarz auf eine schmerzende oder erkrankte Körperstelle oder Wunde auflegen oder in diesem Bereich bei uns tragen, können die Engel ihre Lichtpfeile mit göttlicher Heilkraft blitzschnell zu den in Disharmonie befindlichen Zellen senden. Meist beschleunigen sie spürbar den Heilungsprozess. Besonders hilfreich sind sie auch im Bereich der Atemwege, sie schützen die Bronchien, lindern Husten und Asthma, wirken harmonisierend auf die Schilddrüse.

Rutilquarz – Rechteckige Form

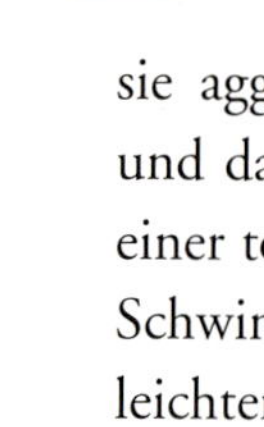

Mit hell leuchtendem reinen, golddurchströmten Licht wirken die Engel auf unsere Umgebung und Tätigkeit harmonisierend. All unsere Energie, die wir zur Bewältigung unseres Alltags brauchen, wird von ihnen gereinigt und mit Gottes Schutz und Segen aufgeladen. Die Engel lehren uns, wie wir uns anderen gegenüber abgrenzen können, ohne sie aggressiv, barsch oder sonst wie unangenehm zurückzuweisen und damit zu verletzen. Tätigkeiten in unserem Alltag werden von einer toleranten, liebevollen, harmonischen, den anderen achtenden Schwingung getragen. Unser Leben wird damit ausgeglichener und leichter, und wir haben öfter das Gefühl, dass uns alles ‚zufliegt', dass wir uns auf der Sonnenseite des Lebens befinden. Vieles gelingt uns besser und in ruhigem Selbstvertrauen.

Rutilquarz – Runde Form

»*Engel des goldenen Lichts*« verbinden sich mit unserem Geistkörper, umgeben ihn und unsere Gedankenwelt mit beschützendem goldenen Licht. Sie helfen uns, im Hin- und Hergerissensein unserer Gedanken zur Ruhe zu kommen, sensibilisieren unsere Unterscheidungskraft, bringen inspirierende Lösungen und schützen uns vor belastenden, die Einheit mit der göttlichen heilenden Harmonie (zer-)störenden Gedanken. Mit dem göttlichen goldenen Licht geben die Engel unseren Gedanken und Denkmustern neue Impulse und Zielsetzungen, sich mit Gott auseinander zu setzen, ihn in allem zu erkennen und zu ehren und ihn in unser Denken und Wollen bewusst einzubeziehen, so dass wir die Einheit mit Gott erleben dürfen. Belastende Strukturen wie Hass, Neid, Missgunst, Unterdrückung, Ausnutzung, Extreme werden vertrieben, Schutz und Segen sowie die Gnade der göttlichen Liebe kehren in unseren Geist ein und lassen uns nach geistiger Freiheit streben.

Rutilquarz – Tropfenform

Engel kommen in ihrem hellem, reinen Licht, durchflutet von Gold zu uns und verbinden sich mit dem Sehnen und Streben unserer Seele nach Harmonie. Sie durchströmen das Licht der Seele mit Gold und erhöhen damit das Potential göttlichen Lichts und göttlicher Liebe in uns. Dadurch ist die Seele geschützt gegen Angriffe, Versuchungen, Ablenkungen, Missbrauch der Kräfte, und die Engel können uns hinwegführen von seelischen Anspannungen, düsteren Eindrücken, Schwermut, Angst und Depression. Sie stärken unser Gemüt mit Helligkeit, Unabhängigkeit, Freude und Gelassenheit und bringen Segen, Ausgeglichenheit, Harmonie und Heilung in unser Leben. Dies strahlt auch aus auf unsere Umgebung, Mitmenschen suchen uns oft bewusst oder unbewusst als ruhenden Pol im Getriebe des Alltags.

Tragen wir den Rutilquarz am **Hals,** werden unsere Gedanken und Worte mit Harmonie erfüllt, unsere Stimme klingt harmonisch und wirkt wohltuend und beruhigend. Brustraum, Hals, Atemwege, Schilddrüse, Nackenwirbel, Schultern erhalten eine entlastende, entkrampfende, entspannende Unterstützung. Liegt hier eine Störung vor, senden die Engel ihre goldenen Lichtpfeile direkt in den/die betroffenen Bereich(e), fluten helles, goldenes Licht zu den Zellen und bringen sie dadurch mit der Heilung bringenden Schwingung zusammen, aus der sie wieder eine harmonische und gesunde Schwingung erlernen und stabilisieren.

Am **Herzen** getragen, strömen Engel goldenes Licht in unsere Gefühlswelt und sorgen behutsam für die zunehmende Harmonisierung von Spannungen sowie die Entlastung von enttäuschten Hoffnungen und Erwartungen – an uns selbst und anderen. Auch das körperliche Herz erhält heil-same Impulse und spürt in jedem goldenen Lichtpfeil, den die Engel ins Herz senden, die heilende göttliche Liebe und Schutz vor weiterem Herzschmerz.

Mit dem Rutilquarz-**Armband** wirken die Engel harmonisierend in unseren Alltag, in unsere Aktivitäten hinein und helfen uns, nicht durch ständiges Abwägen, Hin- und Herüberlegen Kräfte zu vergeuden, sondern uns zu entscheiden, zu handeln und Erfahrungen zu machen, die uns weiterbringen.

Als **Ring** getragen, lassen uns die Engel des Rutilquarz besonders verbunden sein mit göttlicher Harmonie. Sie lassen uns die Einheit mit Gott spüren und gleichzeitig die geistige Freiheit. Eine lichte, freudige, zuversichtliche und tröstliche Ausstrahlung geht von dem Ring und von uns aus und stabilisiert Partnerschaften und Freundschaften.

Engel der Liebe in allem

JADE

Wir wenden uns hier den Engeln aus dem grünen Licht zu, die ihren Edelstein in durchscheinenden bis opaken (undurchsichtigen) Grüntönen entstehen ließen. Es gibt auch weiße, gelbe, rosa, braune, violette, schwarze Jade. Mit der grünen Jade kommen »*Engel der Liebe in allem*« zu uns. Schon die Mayas verehrten Jade als Stein der Liebe und für sie war er wertvoller als Gold. Im alten China stand Jade für die fünf menschlichen Tugenden: Gerechtigkeit, Weisheit, Mut, Barmherzigkeit, Bescheidenheit. Die Engel lassen uns den guten Sinn im göttlichen Plan erkennen, das Gute in allem und damit die Liebe in allem – auch wenn es uns schwer fällt, dies so zu sehen, wenn ein schwieriges Schicksal, Unglück, leidvolle Erfahrungen, herausfordernde Situationen damit verbunden sind. Immer führen uns die Engel zur Liebe und zur göttlichen Liebe in allem. Auch wenn etwas Schreckliches geschieht, geschieht es aus der Liebe des Schöpfers zu uns und zu allen Geschöpfen. Diese Liebe ist die Basis der Schöpfung und alles was wir erleben, kommt aus der Liebe zur ganzen Schöpfung. Was den einen entsetzlich treffen, verletzen, zu Boden schmettern, das Leben kosten mag, ist für den anderen Sieg, Triumph, Genugtuung, Macht.

Im Sinne der kosmischen Gesetze und Abläufe hat jede Seele, die sich hier auf Erden verkörpert, in vielen Erdenleben viele Chancen, im Miteinander viel zu lernen, viele gegensätzliche Erfahrungen zu machen, Täter und Opfer zu sein. Aber immer erfordert die Erfahrung der einen Seite irgendwann auch die Erfahrung des Gegenteils. In der Evolution unserer Seele zu Gott hin, haben diese Entwicklungs- und Reifungsprozesse großen Sinn im göttlichen Plan: die Liebe in allem erkennen – unabhängig von äußeren Erscheinungen.

Engel der Liebe in allem

Jade – Ovale Form

Mit sanft schimmerndem grünen Licht bringen uns die Engel erneuernde, regenerierende Kraft und lassen in uns Liebe zu unserem Körper entstehen. Oft wenden wir uns erst dann unserem Körper zu, wenn er mit Schmerzen, Krankheit, Schwäche, Mangel- oder Alterserscheinungen auf sich aufmerksam macht. Aber anstatt uns ihm mit aller Liebe zuzuwenden und herauszufinden, was er von uns braucht, haben wir den inneren Kontakt zu unserem Körper verloren und wenden uns hilflos nach außen, erwarten Hilfe von anderen, geben die Verantwortung, die wir für ihn haben, schnell an Fachleute und Spezialisten ab in der Erwartung, dass sie für sofortige Besserung sorgen und unser Körper schnellstens wieder funktioniert, so dass wir weitermachen können wie bisher.

Die »*Engel der Liebe in allem*« entfalten in uns Liebe für unseren Körper und liebevolle Zuwendung – auch ohne Schmerzen – was ihn neu belebt und mit Lebenselixier durchströmt. Sie motivieren uns, Wege, Methoden zu finden, mit denen wir uns unseren Körperzellen, Organen, Vorgängen und Abläufen immer wieder liebevoll zuwenden, sie mit Liebe berühren und ihnen damit vermitteln, dass wir sie und ihre unermüdliche Arbeit für uns sehr bewundern und zu schätzen wissen und dass wir uns für ihr Wohlergehen verantwortlich fühlen. Die Engel lehren uns die Liebe zu unserem Körper und wie wir ihn in gesunder Schönheit und Vitalität erhalten.

Jade – Rechteckige Form

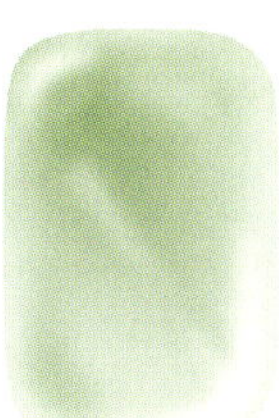

Die Engel lassen uns Sinn, Freude, Weisheit und Güte als Ausdruck göttlicher Liebe entdecken und unser alltägliches Leben damit gestalten. Sie ermöglichen uns, dass wir uns angenommen und anerkannt fühlen, getragen von einem vitalen Lebensgefühl, das sich nicht überschäumend und impulsiv ausdrückt, sondern eher mit Besonnenheit und

Schönheitssinn handelt. Die Engel stärken in uns eine menschenfreundliche, dem Leben liebevoll zugewandte Energie, helfen uns, mit Aufmerksamkeit und Wertschätzung unserer Umwelt zu begegnen und öffnen uns damit ein Leben mit viel Freude, guten Freunden und natürlicher Anerkennung.

Jade – Runde Form

Wohltuenden Frieden, erfrischende und erneuernde Kräfte bringen die Engel zu unserem Geistkörper und in unsere Gedanken- und Vorstellungswelt. Sie entlasten unsere Sorgen, lösen uns aus zwanghaftem Wollen und lenken unsere Gedanken zur Liebe in allem. Mit dem Erkennen der Liebe, erkennen wir auch den Sinn und können uns aus eigenen Widerständen lösen.

Jade – Tropfenform

Die »*Engel der Liebe in allem*« wirken tief hinein in unsere Seele, berühren unsere Gefühlswelten mit der sinngebenden Liebe und geben uns Impulse, uns aus schmerzlichen, leidvollen Gefühlen zu lösen und uns der Vitalität, Schönheit und Freude des Lebens zuzuwenden. Hier können wir die Liebe in allem eher entdecken und uns dafür öffnen, als in dem, was unserer Seele wehtut.

Wir neigen dazu, das, was nicht unserer Vorstellung von Liebe oder liebevollem Verhalten entspricht, als nicht von Gott gewollt anzusehen und meinen, dass uns Gottes Liebe verlassen hat in dem was uns schmerzt. Die Jade-Engel lassen uns entdecken, dass alles seinen Sinn hat und wir selbst entscheiden, ob wir das ‚Gute' sehen wollen oder uns in Leidvolles hineinsteigern, uns vom ‚Guten' verlassen fühlen und Hilfen, die auf uns zukommen, nicht annehmen (wollen).

Tragen wir Jade am **Hals,** erhält unsere Stimme einen vitalen, warmen Klang und die Engel lassen uns tröstliche und den guten Sinn erklärende Worte finden für leidende Menschen. Sie regen uns aber auch an, die Schönheit des Lebens und die Liebe in allem zum Ausdruck zu bringen, zu ehren, Liebe zu bringen und zu bewahren.

Am **Herzen** wirkt Jade ganz besonders kräftigend und beruhigend auf unser Herz, gibt unserem Körper Vitalität und natürliche Schönheit. Die Engel helfen uns, übertriebene Sorgen und Nöte loszulassen und uns dem Wahren, Guten und Schönen zuzuwenden, der Liebe in allem.

Mit dem Jade-**Armband** fördern die Engel das Gute und die Liebe in unseren Handlungsweisen und stärken die Knochen.

Als **Ring** bringt Jade Glück und die Engel unterstützen uns, mit Liebe zu allem zu handeln und erinnern uns immer wieder an den guten Sinn in allem. Sie lenken unser Leben hin zum Guten.

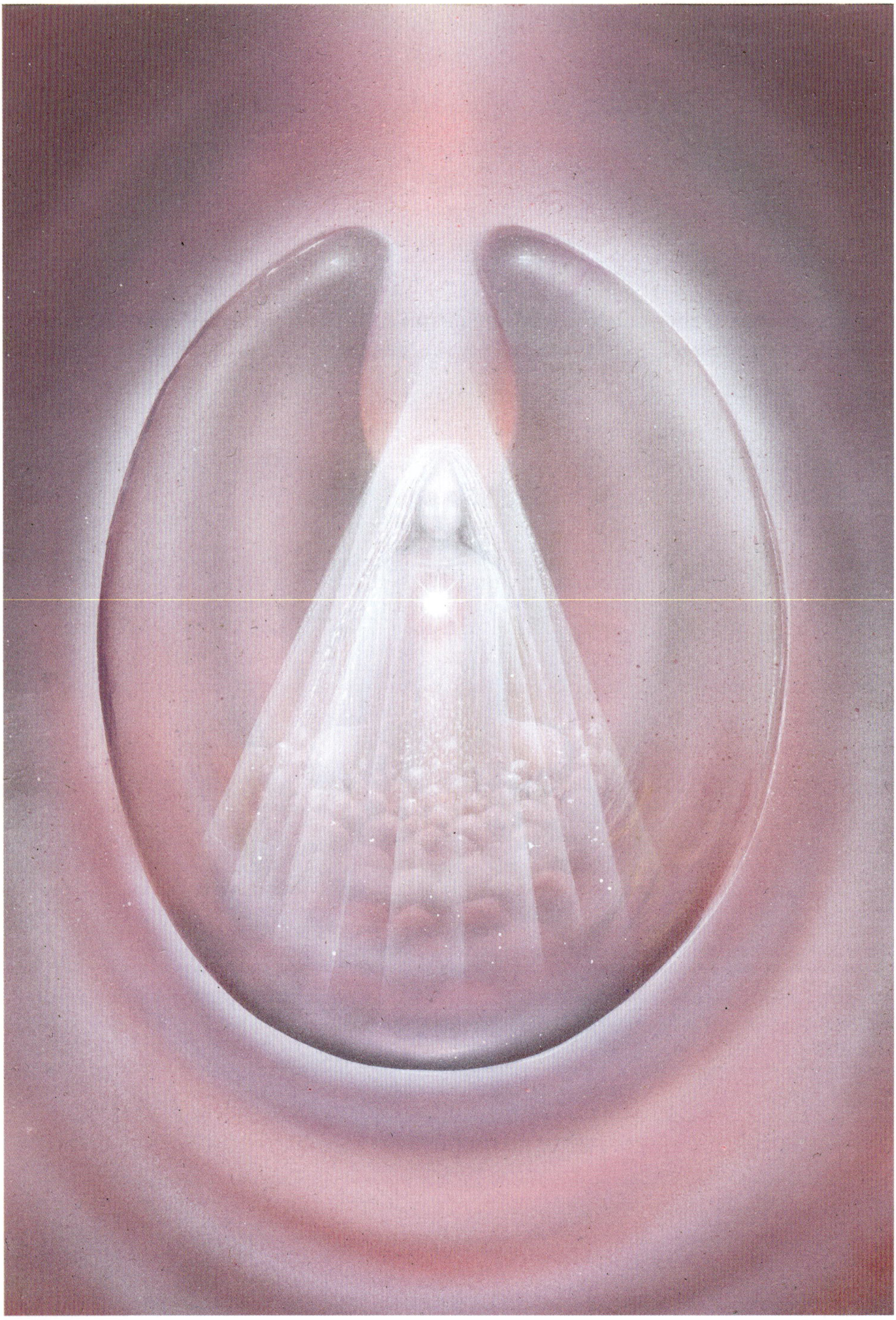

Engel der Sanftheit

Engel der Sanftheit

ROSENQUARZ

In wunderschön schimmernden Rosafarbtönen kommen die »*Engel der Sanftheit*« zu uns und lassen uns erfahren, welch starke Kraft in der Sanftheit steckt, mit der letztendlich sogar jeder Widerstand hinweggeschmolzen werden kann. Die Engel erinnern uns in ihrer samtig strahlenden Schönheit an eine Rose. So wie in der Knospe der Rose bereits alles verborgen ist und sich diese Knospe im Licht der Sonne immer weiter öffnet und in ihrer sich immer weiter öffnenden Blüte ihre Schönheit zeigt und verströmt, uns damit berührt und erfreut, bringen die Engel mit ihren Lichtschwingungen und Qualitäten unsere bedingungslose Herzensliebe, -Schönheit und Spiritualität zum Erblühen. Sie stärken unser Einfühlungsvermögen und Mitgefühl, wirken heil-sam in unseren Herzschmerz hinein, lösen uns aus zuviel Denken und Wollen, aus Ent-Täuschungen und verhärteten Gefühlen. Schon seit Jahrhunderten gilt der Rosenquarz als Helfer in ‚Herzensangelegenheiten' und als Fruchtbarkeitsstein.

Die Rosenquarz-Engel lehren uns aber auch die Beständigkeit, Ausdauer und Geduld. Diese Qualitäten sind für jeden Reifungsprozess erforderlich und ebenso das Wissen, dass zur Entfaltung der vollen Kraft notwendig ist, dass alles zur rechten Zeit geschieht.

Rosenquarz – Ovale Form

Mit ihrem rosaschimmernden Licht helfen uns die Engel, mit liebevoller Sanftheit und Einfühlungsvermögen unseren körperlichen Vorgängen zu begegnen und Heilungsprozesse, die länger dauern, mit Geduld und wissendem Warten zu unterstützen. Wollen wir wirklich gesunden, erfordert dies nicht nur eine symptombezogene Heilung auf der körperlichen Ebene, sondern auch die Behandlung seelischer und geistiger Strukturen in denen kränkende Ursachen für Erkrankungen des Körpers sind. Die Engel lösen viele Störungen im Körpergeschehen, Verhärtungen und Belastungen, schmelzen Ablagerungen dahin und sind bemüht, uns zu einem erfüllten Leben, zu Gesundheit, Wohlbefinden und Harmonie zu führen. Im Heilungsgeschehen lassen uns die Engel Mitgefühl und liebevolles Verstehen erfahren, und sie helfen uns, dass wir uns selbst verzeihen und um Vergebung bitten können. Die Rosenquarz-Engel lehren uns dabei, nichts zu ‚wollen', sondern für etwas zu bitten und die Kraft, die voller göttlicher Liebe zu uns kommt, anzunehmen, heil-sam zu nutzen und nicht nach anderem zu verlangen, weil wir die Vorstellung haben, etwas anderes sei besser für uns. Bei körperlichem Leiden sind oftmals Hingabe, Hinhören (auf die innere Stimme), Beachten feiner Vorgänge in uns sowie das stete Anwenden des Heilungsfördernden wichtig und entscheidend für die ersehnte Heilung.

Wir dürfen erkennen, dass Krankheit einen großen Sinn hat, u.a. den, uns nach Wegen der Heilung suchen zu lassen. Oft ist damit die Chance verbunden, neue Wege zu finden auf denen wir Schritte der Heilung gehen dürfen, die uns in Erfahrungen der Wirksamkeit geistiger Kräfte und Zusammenhänge führen, die für uns bis dahin noch verborgen waren. Damit ist häufig die Öffnung zu einem umfassenden neuen Weltbild verbunden und die Entwicklung der eigenen Spiritualität.

Rosenquarz – Rechteckige Form

Die Rosenquarz-Engel bringen Sanftheit in unser alltägliches Leben, in all die Situationen, die in der Familie, Partnerschaft, Beruf, im Zusammenhang mit unserer Wohnung oder mit unserem Haus, mit Nachbarn usw. entstehen. Sie ermöglichen uns die Erfahrung, dass auch in der Sanftheit eine Durchsetzungskraft steckt, die andere gerade wegen des Sanften, Verständnisvollen, Geduldigen, Ausdauernden, Feinen schätzen und öffnen uns Tore, ebnen Wege damit. Mit wachsender Spiritualität erinnern uns die Engel stärker daran, auch unseren Alltag mit geistiger Kraft und in Verbindung mit Einfühlungsvermögen und liebevollem Wissen und Verständnis zu leben.

Rosenquarz – Runde Form

Die Engel umgeben unseren Geistkörper mit ihrem sanft schimmernden Rosa und durchfluten ihn bis in die vielen Denkmuster und Gedanken. Gerade hier schmelzen sie viele Widerstände dahin, die aus erstarrten Vorstellungen, Selbstkonzepten, Meinungen und Denkweisen entstanden sind und mit denen wir uns oft selbst im Weg stehen und unsere Entwicklung erschweren. Mitgefühl aber auch etwas sehr Liebliches, Feinsinniges strömt mit den Engeln in unsere Gedankenwelt ein und sorgt für Ausgeglichenheit, Harmonie und Schönheit in unseren Gedanken. Sie verbinden die Herzensliebe mit dem Verstand und unterstützen uns, ein liebevolles Verständnis für uns selbst und für andere zu entwickeln. Die *»Engel der Sanftheit«* bringen mit ihrer Liebe spirituelles Gedankengut in uns hervor und erhöhen unseren Sinn für alles Schöne.

Rosenquarz – Tropfenform

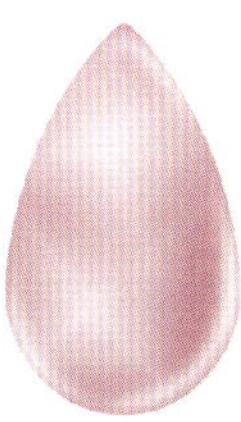

Wie zarte, wunderschön rosa schimmernde Tautropfen lassen die Engel ihre Energien in unsere Seele hineinsinken, die sich mit diesen Berührungen weit öffnet, bedingungslose Liebe in sich aufnimmt und sich uns in ihrer Schönheit offenbart. Wie Schlüssel wirken diese Tropfen in der Seele mit denen die Engel uns helfen, unsere sanften Gefühle zuzulassen, disharmonische, zerstörerische Gefühle zu lösen, Liebeskummer und emotionale Bindungen sowie Abhängigkeiten loszulassen, Frieden zu schließen mit uns selbst und mit anderen, die unsere Gefühle verletzt haben. Liebevolle Bindungen können in Partnerschaft und Freundschaft entstehen und gedeihen.

Tragen wir Rosenquarz am **Hals,** wird unsere Stimme sanft und die Engel helfen mit, in Gesprächen Widerstände und Hindernisse dahinschmelzen zu lassen. Wir können erleben, dass ‚Erdrückendes' aus unserer Brust verschwindet und dass wir uns frei und doch geborgen fühlen.

Am **Herzen** getragen können die Engel auf sanfte Weise lösen, was unser Herz bedrückt und uns der bedingungslosen Liebe, der Nächstenliebe, der überpersönlichen Liebe öffnen, mit der wir über unsere Kleinlichkeiten hinauswachsen und wahre Größe und Schönheit entwickeln. Wohltuend ist die Wirkung für unser leibliches Herz, auch dann wenn sich Belastungen bereits schmerzhaft zeigen.

Das Rosenquarz-**Armband** lässt viel Verständnis, Mitgefühl und sanftes Handeln in unseren Alltag hineinwirken, Hindernisse schmelzen dahin.

Als **Ring** getragen, entfalten die Rosenquarz-Engel eine bestimmende Kraft in der Sanftheit, verbinden sie mit unserer Hingabefähigkeit und achten darauf, dass wir nicht ausgenutzt, hintergangen oder übergangen werden. Sie lassen Herzensliebe und Spiritualität in uns wachsen und unser Leben erblühen.

Engel-Meditation mit »Engeln der Sanftheit« und ovalem Rosenquarz

Über eine Meditation können uns die Engel der Edelsteine in ganz besonderer Weise berühren und unterstützen, noch inniger als beim Tragen ihres Steines, da wir mit unserem Bewusst-Sein, mit unserer Aufmerksamkeit und gesammelten Kraft die Energien intensivieren. Die sanfte Energie der cabochon geschliffenen Edelsteine verströmt sich in uns gut während wir liegen.

Wir können den Cabochon, den wir zur Meditation ausgewählt haben, zur optimalen Entfaltung seiner Wirkung auf unser Herz legen, weil uns hier die Engel der cabochon geschliffenen Edelsteine erreichen und von ihnen eine Verbindung hergestellt wird zu unseren Händen. Wenn wir unsere Hände noch zusätzlich über den Stein legen – nebeneinander oder übereinander – entsteht eine sehr intensive, innige Verbindung mit der Liebe der Engel, der Liebe unseres Herzens und der Entfaltung der Liebe in unseren Händen und in unserem Körper.

Lege dich an einem ruhigen Ort auf den Rücken, die Beine liegen nebeneinander, lege den Rosenquarz auf dein Herz, deine Hände darüber. Achte darauf, wie du den Stein hinlegst. Um im optimalen Energiefluss zu sein, sollte er längs ausgerichtet liegen – er wirkt wie ein Türöffner und die Engel können ihre Energie in unser Herz-Zentrum hineinfließen lassen und neue Tore damit öffnen. Der Stein kann aber auch quer aufgelegt werden – hierbei können die Engel bereits vorhandene Energiepotentiale verstärken.

Schließe deine Augen, kehre damit ein in deine inneren Vorgänge und verbinde dich in einer Einstimmung mit der höchsten, reinsten Lichtquelle des Lebens, der universellen Lebenskraft, der göttlichen Allmacht und Liebe und bitte ganz bewusst darum, im Licht zu sein. Damit stellst Du einen bewussten Kontakt zu Gott, deinem Schöpfer her, womit sich dein *Bewusst-Sein* verändert und mit seiner Aufmerksamkeit ins Licht geht.

Sieh dich mit deinem geistigen Auge, mit deinen Vorstellungs- und Imaginationskräften durchströmt und eingehüllt mit reinem, hellem Licht in einem Licht-Ei, das ganz von einem goldenen Schein umgeben ist, dem göttlichen Schutz und Segen. Du brauchst dir nicht vorzustellen, wie diese Kraft zu dir kommt und wie sie in dir wirkt. Es geschieht – so optimal wie du es dir nicht vorstellen kannst. Wende dich nun innerlich dem Stein auf deinem Herzen zu, spüre bewusst, wie deine Hände ihn berühren. Sie sind im goldenen göttlichen Licht zu Licht-Händen geworden, zu liebenden, heilenden, segnenden Händen. Bitte nun die *»Engel der Sanftheit«*, die mit deinem Rosenquarz verbunden sind, um ihre Gegenwart und Hilfe. Du kannst dir vorstellen wie sie sich aus ihrem kosmischen Farbstrahl lösen und in ihrem wunderschön sanft schimmernden Rosa zu dir und zu ihrem Stein auf deinem Herzen kommen, dich und ihn voller Freude und Liebe begrüßen. Sie beleben die heil-samen Kräfte ihres Steines wie nur sie es vermögen, so dass es ein großer Licht-Stein in leuchtendem Rosa wird. Einer der Engel nimmt dein liebendes Herz in seine wunderschön sanft rosa-schimmernden Flügel und Schwingungen, andere Engel umgeben deinen Körper mit ihrem feinen, sanften rosafarbenen Licht und nehmen eine innig liebende, zärtlich streichelnde Verbindung mit ihm auf.

Spüre die Liebe, die deinem Körper gegeben wird, die ihn ganz durchflutet, die jede Zelle öffnet und erfüllt, jedes Organ kraftvoll und zärtlich durchdringt. Die Engel lassen dich dein in Liebe entflammtes Herz erleben und du folgst ihrem Strom der bedingungslosen Liebe durch deine Hände und Arme, durch deine Schultern, deinen Brustraum, Hals und Nacken, durch dein Gesicht und deinen Kopf, durch deine Füße, deine Knie und Beine, durch deinen Unterleib und dein Becken, durch deinen Bauchraum und Rücken. Du spürst das unaufhörliche, unendlich sanfte und zärtliche Streicheln der Engelsflügel auf deiner Haut – alles in dir ist fließende Liebe voller mitfühlender und heil-samer Sanftheit in der jeglicher sinnlose Widerstand hinwegschmilzt und all das, was dich belastet, kränkt, zerstört. All die Zellen, die sich durch dein Verhalten, Fühlen und Denken aus der göttlichen Harmonie entfernt und ein disharmonisches, krankmachendes Eigenleben begonnen haben, können sich wieder der Liebe deines Schöpfers öffnen, der jede Zelle deines Körpers liebevoll geschaffen hat. In den Schwingungen der *»Engel der Sanftheit«* fühlt sich dein Körper vollkommen geliebt – mit all seinen Schwächen und Stärken. Alles was ist, ist erfüllt von allumfassender und alles durchdringender Liebe, voller Sanftheit, die bedingungslos fließt – dahin wo sie gebraucht wird. Du spürst deine Liebe zu deinem Körper, die ganz verschmilzt mit der Sanftheit der göttlichen Liebe in dir – ein himmlisches Körpergefühl erfasst dich, wie auf Wolken gebettet, von sanften Engelsflügeln getragen. Du kannst dich ganz diesem erhabenen und gelösten Zustand hingeben, in dem dein Körper die alles Belastende hinwegschmelzende Sanftheit, göttliche Heilung und Harmonie erlebt.

In dieser Erfahrung lenkt der Engel, der dein liebendes Herz entflammt hat und es immer noch mit all seiner Liebe umgibt, deine Aufmerksam zu deinem Herzen und du darfst tief hineinschauen in dieses lebendig pulsierende, rosa Lichtwellen verströmende Herz-Zentrum. Du siehst, wie aus dem Innersten deines Herzens eine wunderschöne, rosa schimmernde Rose erblüht und der Engel ermöglicht dir, dich ganz in das Erblühen dieser Rose hineinzubegeben. Du bist diese Rose – zunächst noch in der Geborgenheit der Knospe – und spürst die starke, von innen kommende liebende Kraft, in der sich diese Knospe zu öffnen beginnt. Mit jedem sich mehr öffnenden Blütenblatt öffnest du dich mehr und mehr deiner Schönheit, Zartheit, samtig schimmernden Sanftheit und der Entfaltung deiner liebenden Kraft. Du spürst, wie alle Energien in dir zusammenfließen, um dieses Erblühen zu ermöglichen und den Jubel deines Herzens, deine ganze Schönheit und liebende Kraft in dieser Blüte zu entfalten und dich darin zu zeigen – zur Freude und Ehre deines Schöpfers, der sich darin zum Ausdruck bringt, und der ganzen Schöpfung.

Verweile noch in diesen wunderbaren Energien. Ein Engel legt dich nun hinein in deine erblühte Rose, und schaukelt dich wie ein sanfter Wind. Du fühlst dich ganz getragen, geborgen, geliebt in diesen zarten, duftenden Blütenblättern und ganz von selbst schmelzen Widerstände und Blockaden in dir hinweg, heilen Verletzungen und Wunden, werden verborgene Kräfte bisher noch unberührter Liebe frei.

Wenn du mit diesen Erfahrungen zurückkehren möchtest in dein irdisches Leben, bitte die Engel um Mithilfe. Sie ermöglichen dir, innerlich mit deinen Eindrücken in Kontakt zu bleiben, so dass du jederzeit wieder bewusst in dein liebendes, erblühendes Herz einkehren kannst, und sie helfen dir, jetzt wieder mit deiner Aufmerksamkeit nach außen zu kommen. Erlebe noch einmal deinen Körper durchflutet vom sanft und doch intensiv rosafarbig schimmernden Strom der heil-samen bedingungslosen Liebe und wie die Engel dich mit ihren wunderschönen Schwingungen umgeben und deinen Körper mit ihren Flügeln sanft streicheln.

Du bedankst dich bei den Engeln und ihrem Stein, den sie jetzt reinigen und von allem lösen, was er in dir mit seiner Ausstrahlung berührt hat. Lass dein liebendes, dankbares Herz zu ihm sprechen, sieh in nochmals mit den Augen deiner Seele als Licht-Stein auf deinem Herzen, unter deinen lichtvollen Händen und stelle dir vor, wie er wieder seine irdische Größe annimmt. Die Engel lösen sich nun sanft aus deinen Schwingungen, zuletzt auch der Engel, der das Herz in deinem Körper und zugleich dein liebendes Herz mit der darin erblühten Rose in seinen Flügeln hält. Erfüllt von deiner Liebe und Dankbarkeit steigen sie wieder auf in ihrer strahlenden sanften Schönheit und Liebe in ihren rosaschimmernden kosmischen Strahl.

Stelle dir einen Moment lang vor, wie du immer noch in das goldene Licht-Ei eingehüllt bist, danke nochmals bewusst deinem Schöpfer, den Engeln und ihrem Rosenquarz, atme ein paar Mal tief und bewusst ein und aus, bewege deinen Körper sanft, öffne deine Augen und komme damit wieder bewusst in das ‚Außen' zurück – erfüllt mit neuer Kraft.

Engel der Sprache Gottes

CHALCEDON

Sanftes hell schimmerndes Blau voller Intensität kommt mit den Engeln zu uns, sie hüllen uns damit ein und durchfluten uns. Wir wenden uns hier dem Chalcedon ohne weiße Bänderung zu und damit einer essentiellen Kraft dieses Edelsteines, den die Engel ganz im lichten zarten blauen Licht entstehen ließen. Hauptsächlich wirken sie damit auf unsere Kommunikation, und bereits seit dem Altertum ist ihr Edelstein als ‚Rednerstein' bekannt, auch Hildegard von Bingen empfiehlt, einen Chalcedon in der Hand zu halten, um mit größerer Sicherheit zu den Menschen zu sprechen, geschickt vorzutragen.

Von den Engeln kommt vielseitige Hilfe, in uns zu ruhen und uns im Leben mitzuteilen und zu behaupten, Hemmungen im sprachlichen Ausdruck zu überwinden, Übertreibungen zu mäßigen und übertriebenen Zurückhaltungen aufzugeben, nicht lange drumherumzureden sondern das Wesentliche zu sagen und so zu kommunizieren, dass wir verstanden und ‚gehört' werden. Mit ihren wunderbaren hellblauen Schwingungen wirken sie hinein in das was wir sagen und wie wir es sagen und die *»Engel der Sprache Gottes«* unterstützen uns sehr darin, heilende Worte und göttliche Liebe in unserer Ausdrucksweise zu kommunizieren. Sie ermutigen uns auch, anderen verbal das zugänglich zu machen, war wir aus feinstofflichen Ebenen, Lichtwelten erkennen und erfahren, lassen uns geeignete Worte dazu finden und wirken hinein in den Klang unserer Stimme, so dass die Zuhörenden davon berührt sind.

Durch das, was die Engel in uns beleben, sprechen wir mit Überzeugungskraft, ohne überzeugen zu wollen und regen die Menschen in ihrem Suchen und Streben nach Gotteserfahrung an, da sie in der Begegnung mit uns spüren, dass es möglich ist, bewusst mit Gott in Verbindung zu sein und seine Worte lebendig werden zu lassen.

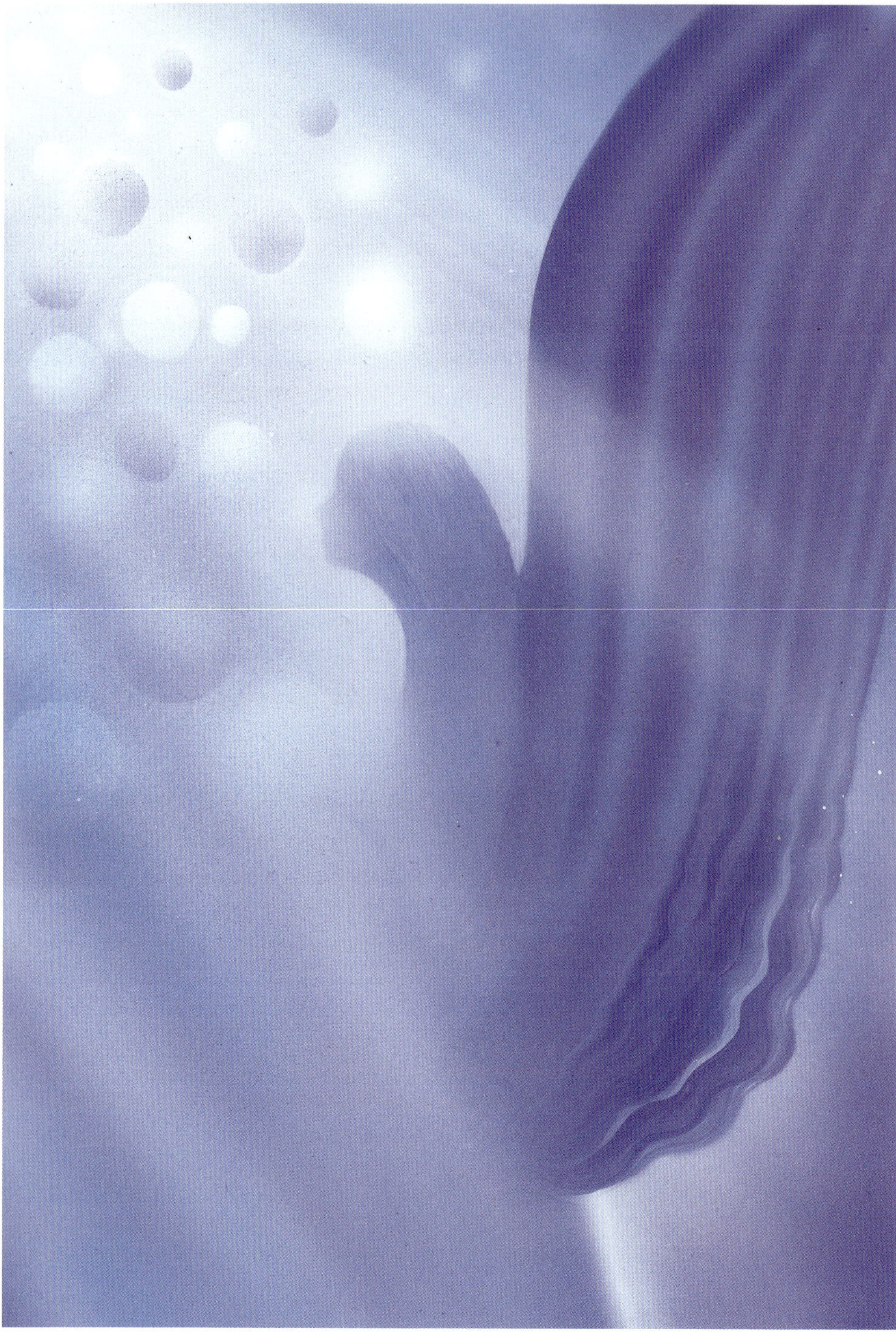

Engel der Sprache Gottes

Chalcedon – Ovale Form

Mit dem Ankommen der Engel in ihrem sanft schimmernden hellen Blau tritt wohltuende Ruhe in unserem Körper ein, die Zellen atmen auf und öffnen sich der Schwingung, die sie als ‚Sprache Gottes' wiedererkennen. Es ist, als ob wir ihnen gut zureden und damit unseren Dank ausdrücken, dass sie ihr Werk tun, selbstlos, stetig und zuverlässig. Nur der menschliche Wille kann sie belasten, überfordern, stören, leidend und krank werden lassen. Die Engel sensibilisieren uns für das Ruhebedürfnis unseres Körpers und stellen eine Verbindung mit unserem Zellbewusstsein her, so dass wir lernen können, mit unseren Zellen bewusst zu kommunizieren, auf ihre Bedürfnisse und Ratschläge zu hören und sie um Verständnis für unsere Situation, für unser Verhalten, für unsere Handlungsweisen bzw. das Nichthandeln und Unterdrücken zu bitten. In dieser Zuwendung müssen die Zellen spüren, dass wir uns nicht auf Dauer einfach über ihre Bedürfnisse und Leistungsfähigkeit hinwegsetzen, sie stets überfordern, sondern dass wir ihre Erfordernisse und Grenzen wahrnehmen und beachten und für Entlastung, Ausgleich, Ruhe und Stärkung sorgen.

Jede Zelle unseres Körpers ist mit einem selbständig funktionierenden Bewusstsein ausgestattet und ist in göttlicher Harmonie, solange wir diese Harmonie nicht durch egoistisches Wollen stören, was auf Dauer zu Disharmonie und Krankheit der Zelle führt. Dieser Egoismus kann dabei so gut getarnt sein, dass wir nicht einmal merken, dass wir gegen das Gleichgewicht des Lebens verstoßen, da wir meinen, für einen guten Zweck oder zur Erhaltung unseres Lebens, besser gesagt, unseres Lebensstandards, unserer Familie, unseres Heimes oder zur Erhöhung unseres Selbstwertgefühls uns stets überfordern und dadurch unseren Körper rücksichtslos ausbeuten und überlasten. Die Engel helfen uns, diese Selbstüberschätzung über liebevolle bewusste Kommunikation mit unserem Zellbewusstsein abzubauen. Mit zunehmender Übung können wir uns immer selbst-verständlicher der göttlichen Liebe und Unterweisung öffnen und dürfen lernen, unser Leben entsprechend unseren Körperverhältnissen im Einklang mit dem Willen Gottes und seiner Liebe zu leben.

Chalcedon – Rechteckige Form

Die Engel wirken mit ihrem sanften Blau hinein in unseren Kommunikationsalltag und sensibilisieren uns, auf das zu hören, was ‚zwischen' den Worten gesagt wird, was uns der andere wirklich sagen möchte. Mit der Zeit ändert sich unsere Wortwahl und die Ausdruckskraft unserer Stimme und der Kreis derjenigen, die uns zuhören und auf das achten, was wir sagen, wird größer, wir werden gerne um Rat gefragt, unsere Sichtweise hat Gewicht und wird beachtet. Auf diese Weise wächst auch unser Selbstvertrauen und die Engel achten darauf, dass wir die Stärke, Macht, Einflussmöglichkeiten und natürliche Autorität, die uns daraus erwächst, nicht missbrauchen und unseren Erfolg nicht in Machtstreben verwandeln. Vielmehr lenken die Engel unsere Intentionen dahin, ein Vermittler, ein Sprachrohr Gottes im Alltag zu sein.

Chalcedon – Runde Form

Mit den *»Engeln der Sprache Gottes«* kehrt wohltuende Ruhe in unsere Gedankenwelt ein und das Bedürfnis, innere Einkehr zu halten und eine Aussprache mit Gott. Die Engel helfen uns, auf Gottes Worte zu hören, Kraft und Weisheit daraus zu schöpfen. Sie beflügeln unsere Ideen und Gedanken, um die Botschaften mit Gottes Worten zum Ausdruck zu bringen und anderen damit Anregungen und Hilfen zu geben. Wenn die Engel Begabungen in uns entdecken, Hinweise des Schöpfers und der Schöpfung wahrzunehmen und in Sprache auszudrücken, werden sie alle Kräfte mobilisieren, dass wir Wege finden, diese Fähigkeiten für andere im göttlichen Sinne zu nutzen.

Chalcedon – Tropfenform

Im sanft schimmernden hellblauen Licht berühren die Engel Potentiale unserer Seele, die in diesem Erdenleben darauf warten, wiedererweckt zu werden und unterstützen seelische Reifeprozesse. Ist der richtige Zeitpunkt gekommen, zweifeln wir nicht mehr an Gottes Gegenwart – unabhängig davon was wir erleben – da wir seinen Ausdruck in uns erfahren durften. Die innere Weite und Größe, die sich in uns entfaltet, ermöglicht die Kommunikation mit Gott – auch wenn sich sehr Schwieriges in unserem Leben oder in unserem Aufgabenbereich ereignet, können wir frei von inneren Urteilen und Bewertungen Gottes Sprache darin verstehen, was er uns vermitteln möchte und was zu tun ist. Dabei unterstützen uns die Engel, die Liebe Gottes zu verstehen und zu verkünden.
Die Engel helfen uns aber auch, zu erkennen, wann es besser ist zu schweigen, zuzuhören, Eindrücke und Erfahrungen zu sammeln und wann es wichtig ist, sich zielgerichtet einzubringen, zu behaupten und mitzuteilen.

Mit dem Chalcedon am **Hals** geben die Engel unserer Stimme ganz besonders viel Kraft, stärken die Lungen und Bronchien, regen unsere gedankliche Auseinandersetzung mit der geistigen Welt und besonders mit Gotteserlebnissen und Gottes Sprache an.

Am **Herzen** berühren die Engel unsere Gefühlswelt und bewirken Herzlichkeit und Liebe in unserer Kommunikation, so dass sich die Liebe unseres Schöpfers in unseren Worten mitteilen kann.

Das Chalcedon-**Armband** stärkt unsere Kommunikation in unseren Handlungsweisen, beruhigt angespannte Nerven und gibt Gelassenheit. Tragen wir den Chalzedon als **Ring**, stärken die Engel unsere Kontaktfreudigkeit, Offenheit und Kommunikation. Sie helfen uns aber auch, Kommunikationsfähigkeiten im göttlichen Sinne in die Gemeinschaft einzubringen.

Engel der Seelengeheimnisse

Engel der Seelengeheimnisse

MONDSTEIN

Mit dem für den Mondstein typischen wogenden Lichtschimmer in weißen bis feinsten bläulichen Farbtönen, die uns an den sanften Schein des Mondlichtes erinnert, kommen die *»Engel der Seelengeheimnisse«* zu uns. Die Engel die mit den farbigen Mondsteinen in zartem Gelb, Grün, Rosa, Grau, Schwarz verbunden sind, wirken je nach ihrer Farbe etwas anders – aber allen gemeinsam ist der geheimnisvolle Lichtschimmer. Wir wenden uns hier den Engeln der farblosen bis milchig-weißen Mondsteine zum Ausdruck mit blauem Lichtschimmer. Sie verbinden sich mit der weiblichen Seite in uns, mit der Hingabefähigkeit, Sensibilität und Sensitivität, Intuition und Medialität. In jedem Menschen fließt männlich und weiblich geprägte Energie, gibt es männliche und weibliche Potentiale, Denkweisen und Gefühlsbereiche. Die rechte Seite unseres Körpers ist männlich geprägt, will sich durchsetzen, behaupten, aktiv sein und ist in Verbindung mit der linken Gehirnhälfte, die logisch-analytisch, forschend, zielgerichtet denkt. Die linke Seite unseres Körpers ist weiblich geprägt, empfangend, sammelnd, bewahrend, abwartend und ist mit der rechten Gehirnhälfte verbunden, die intuitiv, assoziativ, bildhaft wahrnimmt und denkt. Die Engel fördern in uns die Wahrnehmung der lichten Welt, der feinstofflichen Kräfte und Vorgänge, der Hinweise und Botschaften, die uns aus der geistigen Welt gegeben werden und die Entwicklung der Spiritualität und geistigen Heilkräfte im weiblichen Potential.

Mondstein – Ovale Form

Das bläulich wogende Licht der Engel umgibt unseren Körper, durchflutet ihn und unterstützt seine geschmeidige, sanfte Beweglichkeit und Elastizität. Die Engel helfen uns, unseren Körper besser kennen zu lernen, stärken unser Bedürfnis nach Anschmiegsamkeit und Zärtlichkeit und sorgen für hormonelles Gleichgewicht. In besonderer Weise wirken sie auf Vorgänge im weiblichen Körper ein und fördern die Weiblichkeit. Sie helfen jungen Mädchen in ihrer Entwicklung zum Frausein und sie helfen Frauen, die durch gestörtes Essverhalten vermeiden möchten, weibliche Formen zu entwickeln, zu ihrer Weiblichkeit zu finden und weibliche Bedürfnisse zu leben.

Die Engel sorgen mit ihrem wogenden Lichtschimmer für den Abbau von Energieblockaden unseres Körpers, die mit einseitig dominanten Sozialisierungs- und Erziehungsmustern geprägt wurden mit denen wir übernommen haben, wie ein Mädchen und wie ein Junge zu sein hat. Hier verbinden sich die Engel mit Erzengel Michael und seinen Engelscharen im hellblauen Licht, die im neuen Wassermann-Zeitalter für ein vertrauter werden des Männlichen und Weiblichen sorgen, für die Lösung aus gegenseitigem Bekämpfen, Beherrschen, Unterwerfen, Dominanzstreben und für die Entwicklung der Akzeptanz und des Zusammenwirkens mit den spezifischen Fähigkeiten und Begabungen.

Mondstein gibt es hauptsächlich in gerundeten Schliffformen, er wird nicht rechteckig geschliffen. Dies entspricht zudem der weiblichen, abgerundeten Ausstrahlung, die über die ovale, runde und Tropfenform zum Ausdruck kommt.

Mondstein – Runde Form

Die *»Engel der Seelengeheimnisse«* gleiten mit ihrem bläulich-weiß wogenden Lichtschein in unsere Gedankenwelt und Denkweise hinein, wirken sehr stark auf unsere rechte Gehirnhälfte, die intuitiv wahrnehmende, bildhaft assoziierende Seite in uns, aktivieren mediale Fähigkeiten und Potentiale, die uns bisher noch nicht zugänglich waren und inspirieren uns mit Neuem. In vielen Anforderungen, Problemstellungen, Schwierigkeiten unseres Lebens kommen wir mit dem Verstand und dem forschenden, logisch-analytischen Denken der linken Gehirnhälfte nicht weiter. Dazu brauchen wir unsere ‚Antennen' mit denen wir uns auf Schwingungen der geistigen Welt einstellen und ihre feinstofflichen Energien, Botschaften, Unterweisungen, Führungen, Hilfen empfangen

können. Damit entfalten sich faszinierende, unerschöpfliche und unergründliche Möglichkeiten, mit unseren intuitiven Fähigkeiten geistige, universelle, kosmische, göttliche Kräfte, Vorgänge, Zusammenhänge zu ergründen, den Geheimnissen des Lebens auf die Spur zu kommen und Impulse daraus in unser Leben auf Erden und in die Herausforderungen unseres Daseins einzubringen.
Die Engel helfen uns auch, Widerstände, die von Verstandesseite kommen, in Bewegung kommen zu lassen, so dass sie die Wahrnehmung nicht verhindern und blockieren können.

Mondstein – Tropfenform

In ihrem geheimnisvoll wogenden bläulich-weißen Lichtschimmer berühren die Engel unsere Seelenkräfte, die ganz besonders auf diese Energie reagieren. Die Engel können uns mit ihren Schwingungen aus extremen, einseitigen, übertriebenen Verhaltensweisen lösen, wie aus Dominanzstreben, zuviel Härte, aber auch aus zuviel Nachgiebigkeit, Sensibilität, Überempfindlichkeit. Sie lassen uns unsere Gefühlsregungen gut kennen lernen und helfen uns, dass sie sich nicht gegenseitig bekämpfen sondern miteinander, füreinander wirksam sind, dass wir einfühlsam und gefestigt sind. Mit dieser Unterstützung unserer Gefühlswelten sind wir bereit, heil-same Bewegung in Blockaden zuzulassen und uns mit entscheidenden Gefühlen konfrontieren zu lassen. So ist der Mondsteintropfen auch ein besonderer Verbündeter für Paare und noch heute bekommen in arabischen Ländern Hochzeitspaare einen Mondstein geschenkt.
Der Engel des tropfenförmigen Mondsteins berühren aber auch Potentiale unserer Seele, die für uns selbst noch geheimnisvoll sind, und die darauf warten, noch in dieser Inkarnation der Seele entdeckt und mit Neuem in Verbindung gebracht zu werden. Die Engel leiten eine Entdeckungsreise der Seele ein und begleiten uns im Begreifen der sich offenbarenden Zusammenhänge geistiger, spiritueller und irdischer, materieller Kräfte und Vorgänge. Dabei zeigt sich aber auch ein tief sitzender Schmerz der Seele mit dem wir erleben dürfen, wie

sehr wir sie durch Unterdrückung von Gefühlen verletzt und starke Kräfte gebunden haben. Mit all der Liebe, die uns mit den Engeln zufließt und tief in die Seele hineinwirkt, werden mütterliche Gefühle in uns wach, mit denen wir der ‚weinenden' Seele, oftmals dem Meer der ungeweinten Tränen liebevolle Zuwendung geben können, so wie eine Mutter ihr weinendes Kind tröstet und behütet. Dabei sind wir auch mit der mütterlich liebenden Kraft der Muttergottes im hellblauen Licht verbunden, die unser aller Mutter ist und die uns fürsorglich und beschützend in ihren blauen Mantel hüllt und all das gibt, wonach sich unsere Seele in diesem Moment sehnt – und vielleicht als Kind nicht oder nicht so wie erwartet von der leiblichen Mutter bekommen hat.

Wenn wir den Mondstein am **Hals** tragen, bringen uns die Engel stark mit der intuitiven Seite unseres Denkens zusammen und beleben darüber einen bewusstwerdenden Zugang zur geistigen Welt. Aber auch Blockaden unserer Stimme kommen durch ihr Wirken in Bewegung und das, was uns bedrohlich im Nacken sitzt, ängstigt, belastet.

Am **Herz** bauen die Engel ganz besonders emotionale Spannungen ab und stärken unser Einfühlungsvermögen und das Mitgefühl für seelischen Schmerz. Es kommt zur Offenbarung der Geheimnisse der Seele über die Gefühls- und Empfindungswelt, was zu einer zunehmenden Sensibilisierung für die seelischen Vorgänge führt, bei uns selbst und auch bei anderen.

Mit dem Mondstein-**Armband** können die Engel für die Bewusstwerdung von Seelengeheimnissen im alltäglichen Tun sorgen, meist unerwartet.

Tragen wir den Mondstein als **Ring**, lenken die Engel unser verstärktes Einfühlungsvermögen in die Materie. Mit der Wahrnehmung kostbarer Gaben in uns mit denen wir etwas, das wir aus geistiger Ebene bekommen haben, weitergeben dürfen, entfalten sie unsere Medialität mit der wir schmerzliche Eindrücke heil-sam berühren, gebundene Seelenkräfte lösen, Seelengeheimnisse entdecken und deren Entwicklung fördern dürfen.

Engel der Fülle des Herzens

OPAL

In buntschillerndem prächtigen Farbenspiel kommen die Engel der Opale zu uns und beleben in ihrer Vielfalt, Leuchtkraft und Schönheit die Fülle unseres Herzens. ‚Opal' bedeutet im Sanskrit »kostbarer Stein« und in allen Kulturen war er Sinnbild für Schönheit und Anmut. Das Besondere an ihm ist der Lichteffekt des Opalisierens, ein regenbogenartiger Schiller, der beim Hin- und Herdrehen des Steines durch Reflexionserscheinungen des Lichtes und Lichtbeugungen entsteht. Die sanft bis sprühend schillernde Farbenpracht ist im weißen und im schwarzen Opal sichtbar und im Boulderopal mit seinen Opaladern im braunen Muttergestein, sehr selten im Feueropal.

Die *»Engel der Fülle des Herzens«* können sich am besten mit unserem Herz-Zentrum, dem Zentrum der Liebe, der großen Fülle verbinden und diese Kräfte in uns aktivieren und in unser Leben bringen. Je nachdem, welche der sprühenden Farbtupfer dominieren, wirken die Engel mehr auf der körperlichen, gefühlsmäßigen Seelen- oder gedanklichen Geistebene. Sind auf dem Opal mehr grüne, rote, orange-rote oder gelbe Farben oder eine Mischung in der wenigstens eine dieser Farben überwiegt, können die Engel unseren Körper und sein Wohlbefinden aktivieren und stärken und unsere Energie für die Bewältigung des Alltags. Mit vorwiegend roten, gelben oder blauen Farbkombinationen wird von ihnen mehr das Seelen- und Gefühlsleben, Glücklichsein, Lebensfreude, Selbstbewusstsein und Vertrauen in uns angeregt; mit blauen, violetten, grünen oder gelben Farberscheinungen unterstützen sie geistige und gedankliche Kräfte, geben Trost und Hoffnung. Immer geht es den *»Engeln der Fülle des Herzens«* um das Hervorbringen der Vielfalt in uns in unserem Aussehen, Tun, Fühlen, Denken, in unseren Kontakten, Tätigkeiten, Entscheidungen, Gesprächen, Verhandlungen, in unserer Umgebung, in unserem Wirkungsbereich. Sie beleben in uns die Freude an der Kreativität und schöpferischen Vielfalt und sorgen mit Einfallsreichtum für ein vitales, sprühend-lebendiges, vielseitig orientiertes Lebensgefühl.

Engel der Fülle des Herzens

Wegen ihrer schillernden Vielfalt ist es unmöglich, alle Wirkungsweisen zu beschreiben. Es gibt jedoch deutliche Unterscheidungen zwischen dem schwarzen, weißen und Feueropal.

SCHWARZER OPAL

Schwarze Opale haben einen dunklen Grund, der nicht unbedingt schwarz ist, sondern auch dunkelgrün, -blau oder -grau sein kann. Aus diesem Dunkel brechen die schillerndsten, leuchtendsten Farben hervor, in effektvollstem Strahlen aller Tönungen und Schattierungen. Kein Stein gleicht dem anderen, jeder ist eine unverwechselbare Individualität und Schönheit. So wie seine Farben aus dem Dunkel sprühen, geradezu noch intensiviert durch den dunklen Grund, wirken die Engel des Steines auf uns. Sie helfen uns, die Schönheit zu entdecken und hervorzubringen, die sich in unserer Dunkelheit, in unserem Unbewussten, Verborgenen, in unseren Schwächen verbergen. Unsere Ängste, Beklemmungen, Hemmungen wandeln sich zu Herausforderungen, in denen die Engel Kräfte in uns entfalten können, nicht länger etwas zu umgehen von dem wir innerlich wissen, dass wir es auf Dauer nicht umgehen, nicht vermeiden können sondern es aktiv und bewusst anpacken, bewältigen und erledigen dürfen, weil es ansteht, weil es drängt, weil es reif ist.

Schwarzer Opal – Ovale Form

In bunten, intensiv schillernden, leuchtenden Farben kommen die Engel zu uns und bringen mit ihrer vor Freude und Vitalität sprühenden Bewegung unser vielseitiges Temperament hervor. Sie können uns sogar vom introvertierten, nach innen gekehrt lebenden Menschen in einen nach außen gehenden und wirkenden Menschen wandeln. Dies weist aber auch darauf hin, dass der Opal kein geeigneter Stein für Menschen mit ruhigem Naturell ist, die das Ruhige lieben. Sie würden sich in ihrer Stille gestört fühlen sowie unter dem steten Drang leiden, sich immer wieder nach außen wenden, mitteilen zu müssen und höchst unglücklich sein über diese anregenden, impulsiven Kräfte.

Unseren Körper und auch die ‚Sprache' und Ausdrucksweise unseres Körpers bringen die Engel auf Hochtouren, lassen uns quicklebendig und quirlig sein. Sie helfen unserem Körper seine Schönheit bestmöglich zum Ausdruck zu bringen und den vielseitigen Erfordernissen des stets sich verändernden Lebens gerecht zu werden.

Schwarzer Opal – Rechteckige Form

Mit ihrem lebhaften Farbenspiel helfen uns die Engel, enthusiastisch und temperamentvoll den vielseitigen Anforderungen des Alltags mit einer Fülle von Fähigkeiten in uns zu begegnen und sie umsichtig zu bewältigen. Sowohl in unserem Berufsleben wie auch in unseren privaten Interessen, Familienleben, Partnerschaften ermöglichen sie uns vielfältige Erfahrungen, um innerste Wünsche und Bedürfnisse zu realisieren und uns damit besser kennen zu lernen. Die Engel wecken und unterstützen in uns auch die Abenteuerlust und das Entdecken von Neuem – auch in fernen Ländern, Kontinenten, Kulturen und bringen in unser Leben konstruktive Auseinandersetzungen mit althergebrachten, gesellschaftlichen Normen. Sprühender Eifer und Freude beseelt uns in der Verwirklichung unserer Lebenspläne und Ziele.

Schwarzer Opal – Runde Form

Die wunderbar leuchtend-schillernden Opal-Engel wirken in unsere Gedankenwelt hinein und inspirieren uns mit sprühender Ideenkraft, lassen uns auf vielseitige, anregende Weise mit den verschiedensten Gedanken und Zusammenhängen beschäftigt sein. Sie geben uns viele Anregungen in Form von Ideen und Einfällen, um sie gedanklich durchzuspielen und zu ergründen, ob sie umsetzbar sind. Wir lernen unseren Entdeckerdrang und unsere Erfindergabe kennen – ohne Illusionen nachzuhängen, ohne den Bezug zur Realität zu verlieren. Die große Gabe der Engel liegt darin, unsere verborgenen geistigen Potentiale sowie die Fähigkeit zu wecken, auf gedanklicher Ebene Strategien zur Umsetzung und Verwirklichung unserer Ideen zu entwickeln. Sie beleben unser kreativ schöpferisches Denken – frei von Ängsten, gegen irgendwelche Normen zu verstoßen, zu versagen, nicht alle erforderlichen Möglichkeiten zur Verfügung zuhaben. Wir dürfen in uns die Fülle des Seins erahnen und nutzen.

Schwarzer Opal – Tropfenform

Mit sprühender Freude berühren die »*Engel der Fülle des Herzens*« unsere Seelenstrukturen und machen uns die vielfältigen Möglichkeiten aber auch die Anlagen und Aufgaben zugänglich. Das was im ‚Dunkeln' verborgen liegt, will zumindest teilweise von der Seele während ihrer Inkarnation in diesem Leben ins Licht, d.h. in unser Bewusstsein gebracht werden. Im Schutz der Engel dürfen wir erfahren, dass gerade das Dunkle eine Fülle von Geheimnissen und gebundenen Kräften in sich birgt und die Engel regen uns an, entdecken und erfahren zu wollen, was in uns ‚steckt' und was wir daraus machen können. Ist erst einmal ein Energiepotential aus seiner Dunkelheit befreit, weicht jeder Vorbehalt und jede Zurückhaltung von uns, die uns aus Angst vor dem Unbekannten blockiert hat. Die Kraft, die dadurch frei wird, führt uns zur Verwirklichung dessen, was wir als ganz individuelle Persönlichkeit in unserer eigenen Schönheit zum Ausdruck zu bringen haben. Ein vielseitiges, reiches, erfülltes Lebensgefühl ist der Lohn.

WEIßER OPAL

Die weißen Opale haben einen hellen Grund, aus dem die sprühende Farbenpracht hervorkommt. Ihre Engel bringen uns mit der Reinheit und Anmut in Verbindung und lassen uns erleben, dass trotz eines Reinheitsideals vielfältig sprühende Vitalität, Lebensfreude, Begeisterung und Ideenreichtum gelebt sein möchten. Sie bringen Reinheit in unsere Vielseitigkeit, in das, was uns anspornt, in unsere Motive, in unser Wollen und Tun und lassen uns eine stillere Schönheit in uns und um uns herum entfalten als die Engel der anderen Opale. Dies bringt viele Bereinigungsprozesse in unser Leben und die Auseinandersetzung mit Überfluss, Fülle und Schönheit auf Erden, ohne Abhängigkeiten und ohne festgelegte Vorstellungen, wie Schönheit zu sein habe und sich ausdrücken sollte. Reine Schöpferkraft und Kreativität in Verbindung mit Weisheit, Güte und Umsichtigkeit entfalten die Engel in uns. Sie berühren in besonderer Weise unser Herz-Zentrum und geben uns Kraft und Anregung mit der Fülle von Gefühlen, die uns ‚überschwemmen', ins Reine zu kommen. Und sie unterziehen die Gefühle der Liebe in ihren unterschiedlichsten Ausdrucksformen einer Reinigung – insbesondere auch unsere Motive, weshalb wir jemanden oder etwas lieben, welche Erwartungen wir damit verknüpfen.

Weißer Opal – Ovale Form

In weißem Licht, übersät mit sprühenden Farb-Punkten erstrahlen die Engel und setzen auf unserer körperlichen Ebene Reinigungsprozesse in Gang, bringen Bewegungsfreude und wahre Lebenslust. Sie helfen uns, dem Körper aus all der verschwenderischen Fülle des Lebens gerade das zu geben, was er braucht, um in Schönheit, Gesundheit, Freude und Vitalität zu (er-)leben und die anstehenden Aufgaben zu erfüllen. Dies kann ein langer, sich immer wieder verändernder Prozess über mehrere Jahre mit vielen Stationen sein. Beispielsweise kann es sein, dass wir zu einer neuen Ernährungsweise finden, die für unseren Körper besser ist, dazu kann das Bedürfnis nach Bewegungsmöglichkeiten kommen, die unseren Körper elastischer und beweglicher erhalten. Im Berufs- und Privatleben können sich Verhaltensweisen ändern, mit denen wir neue Präferenzen setzen. Was uns vorher wichtig war, kann nebensächlich werden, was unwichtig und unbeachtet war, kann einen ganz neuen und hohen Stellenwert erhalten. Die Engel unterstützen uns, flexibler mit Bedürfnissen umzugehen und aus gewohnheitsmäßigen Abhängigkeiten herauszukommen und uns der Fülle des Lebens liebend und verantwortungsbewusst zu öffnen.

Weißer Opal – Rechteckige Form

Strahlend hell mit schillernden Farben kommen die Engel in unser Alltagsgeschehen und aktivieren Reinigungsprozesse indem sie uns lehren, großzügig und weise zu sein. Sie sensibilisieren uns, aus reinen, edlen Motiven zu handeln und wachen darüber, dass wir unsere Lebensprinzipien nach der göttlichen Liebe in der Vielfalt und Fülle der Schöpfung ausrichten. Die Engel helfen uns, in all der sprühenden Lebendigkeit weise und gütig zu den Menschen und der uns anvertrauten Natur zu sein.

Weißer Opal – Runde Form

Die *»Engel der Fülle des Herzens«* wecken mit ihrem sprühenden Farbenspiel, das in weißem Licht erstrahlt, viele Gedanken und Ideen in uns, unseren Beitrag zum Zusammenleben auf Erden zu leisten. Sie helfen uns, in das Spannungsfeld des Erdenlebens mit all unseren Fähigkeiten und Gaben hineinzugehen, aus der Fülle des Lebens zu schöpfen, alles zu geben, unseren inneren Reichtum in reinen Motiven und Absichten nach außen zu bringen – aber nicht zu unserem eigenen, egoistischen Vorteil, sondern zum Segen der göttlichen Schöpfung und ihrer Offenbarung.

Weißer Opal – Tropfenform

Mit ihrem wunderschönen Licht- und Farbenreichtum und voller begeisternder Kraft verbinden sich die Engel mit unseren Seelenkräften. Sie stärken das Bedürfnis der Seele nach Reinheit in der Gefühlswelt und sensibilisieren uns für die vielschichtigen Zusammenhänge zwischen unseren Gefühlen und ihren Auswirkungen auf unser Leben. Wir dürfen erleben, wie sehr es darauf ankommt mit welcher Einstellung wir etwas fühlen und wie dies auf unser Denken und Tun übergeht. Die

Engel helfen uns, die Gefühlsmuster reinen Motiven zu unterstellen und der Vielfalt unserer Gefühle und Bedürfnisse ohne Einseitigkeit zu begegnen. Die Seele atmet auf, denn sie kann sich ihrer Vielseitigkeit entsprechend mitteilen und entfalten lernen, ohne befürchten zu müssen, sich und andere durch Unlauterkeit zu belasten. Sie erfährt einen kraftvollen Läuterungsprozess aus der sie in reiner Schönheit auf vielen Ebenen hervorgeht.

FEUEROPAL

Beim Feueropal gibt es zwei ganz unterschiedliche Ausprägungen. Eine entspricht den bisher beschriebenen Opalen, denn aus ihrem leuchtend gelb-orange-rotfarbenen Grund kommen opalisierende Lichteffekte, mit denen sie einen leuchtenden, feurig sprühenden Farbenzauber verströmen. Die meisten Feueropale sind jedoch nicht opalisierend, dafür aber in durchscheinendem bis transparent leuchtendem Gelb, Orange bis hin zu Rot und begeistern durch ihr feurig-flammendes Licht, das durch den Facettenschliff erhöht, durch den Cabochonschliff sanft wird.

Hier wenden wir uns dem typischen Feueropal zu und den Engeln, die ihr Feuer der Begeisterung hineingegeben haben mit denen sie uns im wahrsten Sinn des Wortes mit dem ‚Geist' des Lebens entflammen, anfeuern, inspirieren. Die Wirkungsweise der Formen bezieht sich auf den Facettenschliff, mit dem die Engel das Funkeln des Feuers intensivieren, und auf den Cabochonschliff, mit dem die Engel den sanften Umgang mit diesem Feuer in uns unterstützen.

Die »Engel der Fülle des Herzens« wirken mit dem Feueropal in die spirituelle und sexuelle Liebe in unseren Antriebskräften, unseren Beziehungen und unseres Selbstbewusstseins hinein, bringen Vitalität und Spontaneität, ermutigen zaghafte Menschen mit Impulsen der Freude und des Selbstvertrauens, durchfluten uns mit stark gefühlsbetonter, emotionaler Lebensfreude und inniger Liebe zu unserem Schöpfer und der von ihm geschaffenen Welt – sowohl der irdischen, materiellen, sichtbaren wie auch der himmlischen, geistigen, unsichtbaren. Alles wogt und entbrennt in uns in dieser Liebe, mit der wir voller

Begeisterung dem Leben begegnen und voller Intensität Läuterungsprozesse der Liebe durchlaufen.

Die Engel sind Feuerflammen gleich und je nach Farbe ihres Steines dominiert ihre Farbe. Engel der gelben Feueropale wirken besonders auf unser Selbstbewusstsein ein, stärken die Lebensfreude, Spontaneität und Mut in uns. Beim orangefarbenen Feueropal beleben die Engel Sinnlichkeit und Kreativität, Freundschaft, Beziehung und Partnerschaft. Engel des roten Feueropals intensivieren die Freude an der Sexualität, mobilisieren unsere Antriebskräfte und Lebensmotivationen.

Feuer Opal – Ovale Form

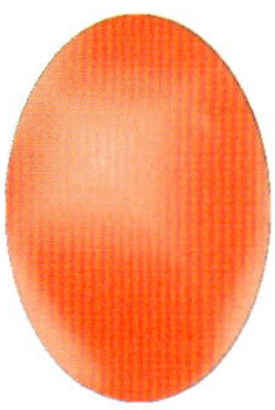

In feurigem Farbenspiel kommen die Engel zu unserem Körper und seinen existentiellen Bedürfnissen und Kräften. Sie beleben in unserem Körper Gefühle der Liebe und des sexuellen Verlangens, regen aber auch einen Läuterungsprozess in unserer körperorientierten Liebe an, indem sie eine Verbindung zum großen Potential der Liebe in unserem Herzen und zur spirituellen Liebe herstellen. Unser Liebesbedürfnis wird erhoben in den Strom der universellen göttlichen Liebe und dadurch erfährt unsere sexuelle Liebe eine neue Intensität und Dimension. Wir sehnen uns nicht mehr nur nach der Liebe mit einem Partner zur Befriedigung unseres fundamentalen, existentiellen Lebens hier auf Erden, sondern auch nach dem lebendig liebenden Einssein mit Gott. Dies lässt uns die vielseitige Liebesfähigkeit unseres Herzens und unseres Körpers erfahren und in der Fülle der Liebe Erfüllung finden.

Feuer Opal – Rechteckige Form

Die Engel ‚feuern' uns an und mobilisieren neue Kräfte in uns für die Bewältigung des Alltags, für die ‚Eroberung' und Entfaltung guter Freundschaften und Beziehungen. Wir erhalten Hilfen, unsere egozentrische Liebe mit unserer Liebe zu Gott zu verbinden, ohne unsere Individualität aufzugeben und können einzigartig sein ohne Überheblichkeit, Machtausübung, Unterdrückung. In den lebendig lodernden Flammen der Liebe in unserem Herzen zeigen sich Größe und Demut zugleich, Erfolg stellt sich ein, unser Selbstwertgefühl steigert sich aufgrund der Begeisterung und Freude und nicht auf Kosten von anderen.

Feuer Opal – Runde Form

Mit Begeisterung beleben die Engel unsere Denkweisen, lenken sie zur Liebe zu den Menschen und zum Schöpfer. Sie geben uns Denkanstöße, erwecken unser inneres Feuer, inspirieren uns mit interessanten neuen Ideen und der Fülle von Kräften, die da sind und nur auf den gewissen Impuls warten, um wirksam werden zu können. In der enormen Dynamik der Kräfte zeigen sich viele Möglichkeiten, die uns aus irdischen Fixierungen lösen und uns erleben lassen, dass Freude und Erfüllung im irdischen Geschehen eine Kettenreaktion im geistigen mit sich bringt, die unsere Spiritualität intensiviert, die uns neue Lebensqualität und Intensität schenkt, um die Fülle des Lebens mit all seiner Liebe auszukosten und zu verströmen.

Feuer Opal – Tropfenform

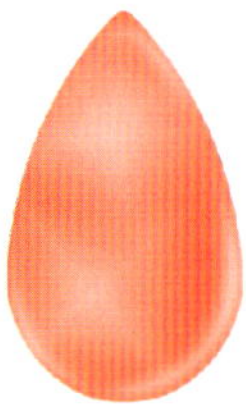

Wie glühende Tropfen wirken die *»Engel der Fülle des Herzens«* in unsere Seelenkräfte hinein und rufen die unerfüllten Gefühle unserer Seele in uns wach, die verbunden sind mit *den* Potentialen der Seele, die in diesem Leben nach einer Weiterentwicklung streben, die sie nur über die Liebe, die Läuterung der Liebesbedürfnisse und die Erweiterung sowie Erhöhung der Liebesfähigkeit im Göttlichen erreichen können. Sie helfen uns, Hemmungen abzubauen, die der Erfüllung entgegenwirken. Unser Herz-Zentrum weitet sich aus in der Fülle der Liebe, die über die Engel des Feueropals aus unserer Seele emporquillt und berührt unser Herz und die Herzen anderer Menschen, so dass Lichtfunken der eigenen Begeisterung überspringen und andere inspirieren können.

Tragen wir den Opal am **Hals**, wirken die Engel in unsere Sprache und Ausdrucksweise hinein, so dass sie begeisternd, mitreißend, sprühend und ein Lebenselixier ist. Der Tonfall, das Timbre unserer Stimme, ist liebevoll und dynamisch zugleich. Wir faszinieren andere mit dem, wie wir sprechen und was wir sagen.

Am **Herzen** getragen können die Engel am stärksten wirksam werden, da sie mit ihrer sprühenden, bunten Farbenpracht auf die vielseitige Fülle der Liebe treffen, die sich im Herzzentrum vereint. Vitale Lebensfreude, die auch auf andere überspringt, kommt aus unserem von Liebe überquellenden Herzen.

Opal im **Armband** bringt Schwung und Risikobereitschaft in unsere Handlungsweise und die Engel helfen uns, jeden Neuanfang mit Begeisterung zum Erfolg werden zu lassen. Als **Ring** sind uns die Opal-Engel gute Verbündete, der Vielseitigkeit des Lebens mit Begeisterung, Schwung, Dynamik, Freude und vor allem mit Liebe zu begegnen.

Lichtengel und Kristallwelten

Engel, die über die Edelsteine zu uns kommen, sind leuchtend, lichtvoll strahlend und voller Freude, mit uns hier auf Erden sein zu können und in der irdischen Welt wirken zu dürfen. Ihre Energien sind in den Edelsteinen manifestiert, sichtbar, spürbar, (be-)greifbar – entstanden in Zeiträumen, die wir uns kaum vorstellen können. Sie lassen uns die Schönheit der himmlischen Welten erahnen.

Die dazu gemalten Engelbilder geben Einblicke in das Wesen der Engel und wie sie mit ihren funkelnden Kristallwelten verwoben und wirksam sind. Die Bilder laden uns ein, die Engel noch besser kennen zu lernen und das geheimnisvolle Leuchten der Edelsteine mit anderen Augen zu sehen. Sie regen uns an, die Kräfte und Botschaften der Engel neu zu entdecken und ihre darin verborgenen Hilfen anzunehmen.

Viel Freude, Heilung und Inspiration!

Danksagung

Mit diesem Buch bedanke ich mich zunächst sehr bei der Leiterin des Windpferd Verlages, Frau Monika Jünemann, die ich schon seit der Veröffentlichung meines ersten Buches ‚Die Geheimnisse Edler Steine' im Jahr 1986 kenne und schätze. Sie gab mir den Impuls, mein Buch ‚Engel und Edelsteine' zu überarbeiten und es wurde ein neues Buch. Große Freude und Dankbarkeit empfinde ich für die Künstlerin, Frau Petra Arndt, die mit ihren Engel-Bildern auf einmalige Weise zum Ausdruck bringt, dass die Engel der Edelsteine uns neue Tore zu himmlischen Welten öffnen. Von Herzen bedanke ich mich bei meinem Mann, Ikechukwu Simeon Omenka, für seine große Liebe, seine wohltuende Stärkung und für sein Verständnis angesichts der vielen Abende und Nächte, die ich mit dem Schreiben des Buches verbrachte.

Schön ist eigentlich alles,

was man mit Liebe betrachtet.

Christian Morgenstern

Über die Autorin

Ursula Klinger-Omenka, geboren 1950, ist eine Pionierin in der Lichtarbeit mit Edelsteinen. Sie ist Heilerin, spirituelle Lehrerin und Beraterin und seit 1988 Reiki-Meisterin – eingeweiht von Phyllis Furumoto. Mit ihren Edelsteinbüchern erreicht sie seit vielen Jahren eine weltweite Leserschaft. Ursula Klinger-Omenka entwickelte Reiki in Verbindung mit Edelsteinen und Engeln. Seit 1983 praktiziert, lehrt und vermittelt sie das Heilsame – den Samen der Heilung, der in den Edelsteinen liegt. Ursula besitzt die Begabung, einen persönlichen Edelstein auszuwählen und intuitiv mit einer Engel-Botschaft zu verbinden.

Gemeinsam mit ihrem Mann machte sie zahlreiche Bewohner seines Heimatlandes Nigeria mit Reiki vertraut. Beide gehören zu den Initiatoren des gemeinnützig anerkannten Vereins zur ‚Förderung Internationaler Begegnung Reiki – Nigeria e.V.' und der Reiki-Klinik in Nigeria, einer internationalen Begegnungsstätte mit dem integrierten Waisenhaus ‚Reiki Children's Home' und dem Kinder-Lern-Projekt ‚Kreatives Lernen'. Nähere Informationen sind im Internet: www.reiki-klinik-nigeria.com

Ihre längeren Aufenthalte in Nigeria ermöglichten ihr tiefgehende Erfahrungen mit afrikanischer Tradition und Lebensweise.

Foto: Mario Heeb

Zugleich eröffneten sich ihr neue Wege der Menschlichkeit und Spiritualität, die sie zu einer prägenden Muttergotteserfahrung führten. Daraus ist die Anrufung der Muttergottes mit der Ave Maria Fürbitte zur Vergebung und Aussöhnung mit belasteten Beziehungen und Lebenserfahrungen entstanden sowie der Ave Maria Pilgerweg.

Ursula Klinger-Omenka lebt in Lindau. Nach Termin-Vereinbarung ist sie in ihrem Edelsteingeschäft auf der Lindauer Insel anzutreffen, wo sie Edelsteinberatungen mit Engel-Botschaften, Einzelsitzungen, Behandlungen und Seminare gibt.

Außerdem ist sie in Seminarzentren und Praxen tätig sowie in der Hahnemann Klinik, einer Homöopathischen Klinik der Heilkunst, wo Krebs- und chronische Erkrankungen homöopathisch behandelt werden.
(www.hahnemann-klinik.de).

Nähere Informationen, Termine, Kontakt, Jahresprogramm:
Chidera Edle Steine, Salzgasse 7, 88131 Lindau-Insel
Telefon: 08382-750330
Internet: www.chidera-edle-steine.com

Über die Illustratorin

Petra Arndt, 1955 in Hamburg geboren, arbeitet seit Abschluss ihres Kunststudiums als freiberufliche Malerin, Designerin und Illustratorin in der Nähe ihrer Heimatstadt.

Spirituelle Bilder malt sie seit ihrer Kindheit. Die Motive für ihre farbenfrohen, intensiven Darstellungen findet Petra Arndt durch Träume, Meditationen und Eingebungen in der Natur. Mit ihren Bildern möchte sie tiefere Bewusstseinsebenen ansprechen und beim Betrachter ein Fenster für innere Welten öffnen. Sie möchte sensibilisieren für die inneren Reiche der Gefühle, Emotionen und sinnlichen Erfahrungen.

Petra Arndt interessieren die hinter dem Offensichtlichen verborgenen Geheimnisse, das tiefere Wesen aller Dinge und der allem zugrunde liegende Zusammenhang mit einem größeren Ganzen, den es manchmal erst durch sensibles Einfühlen in die Wunder des Lebens zu erkennen gilt. Spuren ihrer Beschäftigung mit dem Schamanismus schlagen sich auch in ihren Werken nieder.

Seit drei Jahren ist Petra Arndt auch als Kunsttherapeutin tätig.

Eine schöne Ergänzung zu diesem Buch sind die

Lichtengel- und Edelsteinkarten

Die Lichtengel- und Edelsteinkarten bestehen aus 27 Karten. Ein Tanz von Licht, Engeln und Kristallwelten. Das begleitende Booklet gibt Anregungen zur intuitiven Erfassung der Edelsteine und ihrer Engel: Affirmationen, Legetechniken und spielerische Anleitungen, die Energie der Engel einzuladen.
Lichtengel- und Edelsteinkarten sind von Petra Arndt einfühlsam gemalte Engel in ihren kristallenen Welten, den geschliffenen Steinen. Werden die Engel eingeladen, in unser Leben zu kommen, verbinden wir dies mit Gedanken an einen geschliffenen Edelstein oder mit dem Tragen des Steins.
Jeder Engel trägt eine innere Wahrheit über das Funkeln des Steins in die Welt der Menschen hinein. Ihre Aufgabe besteht darin, zu führen, beizustehen und zu ermuntern. Eine weitere Botschaft wird über die Farben der Steine vermittelt, die in Verbindung mit unseren farbigen Energiezentren stehen. Die Engel finden ihren Weg über die farbige Aura geschliffener Steine zu uns.
Die Legesysteme und Texte sind von Ursula Klinger-Omenka und geben neben kurzen Informationen über den Engel und seinen Edelstein auch Affirmationen und Inspiration.

Petra Arndt und Ursula Klinger-Omenka

Lichtengel- und Edelstein-Karten

27 Karten + Begleitheft in Geschenkbox (12 x 18 cm)

ISBN 3-89385-458-4

Ursula Klinger-Omenka

Helfersteine

Balsam für Körper, Geist und Seele · Heilsame Wirkungen edler Steine offenbaren sich in sprichwörtlicher Weisheit

Es gibt viele Möglichkeiten, den Zugang zu Edelsteinen zu finden, zu ihrer Schönheit und zu den subtilen Wirkungen, die sie in uns auszulösen vermögen. Die Farbe öffnet eines der offensichtlichsten Zugangstore zu der kristallenen Welt voller Zauber und Ausstrahlungskraft.
Sprichwörtliche Weisheit verrät viel über Kränkungen und Erkrankungen, über Stimmungen und Notwendigkeiten: und darin verborgen liegen Hinweise für die heilsamen Wirkungen edler Steine, die uns mit ihren balsamischen Schwingungen im Inneren erreichen.
Ein regenbogenbunter Führer durch die kleine Welt der großen Helfersteine. 135 Edelsteine, nach Farbe sortiert und mit sprichwörtlichen Weisheiten versehen. Die erfahrene Edelsteinfrau Ursula Klinger-Omenka zeigt uns, dass Edelsteine mehr als nur schön sind, sondern – richtig eingesetzt – bester Balsam für Körper, Geist und Seele.

ca.108 Seiten · ISBN 3-89385-432-2 · www.windpferd.de

Ursula Klinger-Raatz

Reiki mit Edelsteinen

Mit universaler Lebenskraft und den lichtvollen Kräften edler Steine zur ursprünglichen Harmonie finden

Ursula Klinger-Raatz verbindet in „Reiki mit Edelsteinen" zwei natürliche, heilsame Kräfte zu effektvoller gemeinsamer Wirkung. Während Reiki - die universale Lebenskraft - körperliche und seelische Funktionen wieder in ursprüngliche Harmonie bringt, konzentrieren Edelsteine lichtvolle Kräfte und Farbschwingungen in den Chakren, deren uneingeschränkte Funktion für Vitalität und Wohlbefinden von ausschlaggebender Bedeutung ist.

160 Seiten · ISBN 3-89385-067-8 · www.windpferd.de

Ulrike Hinrichs

Die großen Erzengel-Karten

Lichtvolle Helfer aus der geistigen Welt · Botschaften, Meditationen, Affirmationen und Legetechniken · Set mit einem Handbuch und 18 Erzengel-Karten

„Die großen Erzengel-Karten" – ein liebevoll gestaltetes Set, bestehend aus 18 Erzengel-Karten und einem begleitenden Handbuch. Karten und Text bilden zusammen einen 18-stufigen Einweihungsweg in die Welt des Lichts. Auf diesem Weg wird man von einer Aufgabe hin zur nächsten Gabe geführt, um schließlich mit dem Herzen sehen zu können.
Im Handbuch finden sich kurze Stichworte, die Wesen und Aufgabe des Engels zusammenfassen, zudem ausführliche Beschreibungen der Energie der Erzengel und ihre Botschaften an den Menschen, ergänzt durch Affirmationen und Meditationen.

Set mit 18 Karten + Handbuch mit 112 Seiten

ISBN 3-89385-332-4 · www.windpferd.de